TempsPrésent

68 rue de Babylone – 75007 Paris

www.temps-present.fr

ISBN 978-2-916842-30-1

LES SOUTERRAINS DE LA DÉMOCRATIE

Bruno Di Mascio

LES SOUTERRAINS

DE LA DÉMOCRATIE

SORAL, LES COMPLOTISTES ET NOUS

TempsPrésent

« *Personne n'aurait cru que les Lumières produiraient l'obscurité.* »

Marcel Gauchet

Introduction

Que ce soit à l'occasion d'un attentat, d'une élection ou d'une crise économique, les thèses conspirationnistes s'immiscent dans le débat public. Sur les réseaux sociaux et les blogs spécialisés, elles prétendent démasquer l'action malfaisante des services secrets français, américains ou israéliens[1]. En France, les figures de proue du mouvement conspirationniste sont incontestablement l'humoriste Dieudonné et surtout Alain Soral, essayiste et président du mouvement Égalité & Réconciliation (E&R). À chaque événement d'actualité d'ampleur, l'un et l'autre élaborent et relaient massivement les théories du complot sur fond d'antisémitisme ; une vision du monde qui se retrouve jusque dans les spectacles de Dieudonné. Le succès de ce phénomène ne doit pas être sous-estimé : si la « Liste Antisioniste » qu'ils ont conduite aux élections européennes de 2009 en Île-de-France n'avait alors obtenu « que » 1,30 % des voix (mais plus de 5 % dans certaines communes de Seine-Saint-Denis), sur le plan médiatique, en revanche, dieudosphere.com (le site de Dieudonné) et egaliteetreconciliation.fr (celui de Soral) font partie des sites les plus visités en France, avec 4 à 12 millions de visiteurs par mois[2]. Ils sont ainsi plus consultés que des sites d'informations comme Atlantico ou Médiapart. C'est à tel point que dans deux discours prononcés en 2013, Manuel Valls, alors ministre de l'Intérieur, a nommément dénoncé l'emprise idéologique d'Alain Soral[3].

---

1. Voir par exemple l'article publié le jour même de l'attentat, « Qui a commandité l'attentat contre *Charlie Hebdo* ? », 7 janvier 2015, http://www.egalitetreconciliation.fr/Qui-a-commandite-l-attentat-contre-Charlie-Hebdo-30120.html.

2. Chiffres cités par Robin d'Angelo et Martin Molard, *Le système Soral*, Calmann-Lévy, 2015, p. 76.

3. Lors de l'Université d'été du Parti socialiste, le 24 août 2013, et du meeting « Défendre la République contre les extrémismes », le 27 novembre 2013.

Quelles sont les idées centrales de Soral ? Sa pensée, diffusée *via* Égalité & Réconciliation, s'articule, comme le nom de son association l'indique, autour de l'idée de « réconciliation nationale », réunissant toutes les forces d'opposition au « système » sioniste et mondialiste. Cela passe par l'alliance des musulmans et des chrétiens contre l'éthique juive et sioniste, et par le dépassement des clivages partisans pour réunir la « *gauche du travail et la droite des valeurs* », c'est-à-dire le petit peuple productif et conservateur contre le progressisme sociétal et le capitalisme libéral, financier et mondialisé. Bref, il s'agit de trouver dans la Nation les forces vives économiques et religieuses s'opposant aux forces occultes et dominatrices qui prônent le « *mondialisme* », compris comme le processus de destruction des nations et des solidarités familiales et religieuses par l'établissement d'un gouvernement mondial. Cet imaginaire est fortement structuré par l'idée du complot sioniste international, par la suspicion envers l'influence secrète supposée de groupes mystérieux comme les francs-maçons, accusés d'avoir construit la République, qu'il qualifie de « *régime abject* »[4], contre l'esprit chrétien consubstantiel à la France. Si nous considérons avec Pierre-André Taguieff qu'il existe deux types de théories du complot[5] – l'un fomenté par des minorités infiltrées dans le corps social, l'autre dû aux élites dirigeantes manipulées dans les coulisses du pouvoir –, alors nous constatons que Soral parvient à relier les deux, en dénonçant à la fois le projet mondialiste des élites et l'influence sur elles des juifs et francs-maçons qui fonctionnent sur le mode de la « *minorité agissante* ».

Conspirationnisme, antisémitisme, rejet de la République « *maçonnique* » : un corpus idéologique loin d'être neuf. La France sioniste d'Alain Soral ressemble à s'y méprendre à *La France Juive* d'Edouard Drumont, ce best-seller antisémite de 1886 que Soral a d'ailleurs réédité *via* sa maison d'éditions, Kontre Kulture. Si le mythe du complot juif fascine encore, c'est qu'il a su se renouveler, en prenant, à partir de la Guerre des Six Jours de 1967, les habits de l'antisionisme, aidé en cela par un conflit qui n'en finit pas et que la communauté internationale s'avère incapable de résoudre. Soral l'a bien compris et axe claire-

---

4. Alain Soral, « Vidéo du mois », mars-avril 2013, https://www.youtube.com/watch?v=2DOrDz0i8cg.

5. Pierre-André Taguieff, *L'imaginaire du complot mondial*, Mille et une nuits, 2006, p. 79.

ment sa stratégie sur les Français musulmans, en qui il voit des nationalistes en puissance particulièrement susceptibles de s'indigner des
politiques israéliennes et sionistes, en soutien aux Palestiniens. Une
formule de Gilad Atzmon, proche d'Alain Soral, résume bien l'idée :
« *Nous sommes tous palestiniens. Nous sommes occupés soit par Israël
soit par les forces qu'il mandate autour du monde* »[6]. Pour Soral et ceux
qui le suivent, les effets du sionisme se font ressentir partout et il faut
lutter contre ces forces d'occupation illégitimes.

L'influence intellectuelle d'Alain Soral sur une partie de la population ne laisse pas d'étonner. Comment expliquer que de telles
idées puissent encore trouver un écho dans l'ère de la rationalité
triomphante ? De la victoire de la démocratie libérale, désormais
sans rivaux sérieux depuis la chute de l'URSS ? De la révolution
technologique d'Internet, qui facilite l'accès de tous à la connaissance ? Si cette Modernité-là n'a pas éradiqué le conspirationnisme
et l'antisémitisme, c'est qu'elle l'a au contraire, dans une certaine
mesure, engendré. Car c'est bien en revendiquant la liberté d'expression que les antisémites propagent désormais leurs thèses, sur
les réseaux sociaux et dans leurs médias 2.0 ; c'est au nom de la
transparence démocratique qu'ils critiquent l'opacité des cérémo-
nies telles que le dîner du CRIF ; c'est, enfin, le vocabulaire de l'antiracisme qui est employé pour dénoncer le prétendu suprémacisme
juif et les discriminations que subissent les Noirs et les musulmans,
qui souffriraient d'un déficit de reconnaissance institutionnelle par
rapport aux juifs. Ces données sont primordiales : elles montrent
que le discours d'un Alain Soral ou d'un Dieudonné se place en
conformité parfaite avec les exigences mêmes de la démocratie, et
non en opposition à elles. C'est l'un des paradoxes fondamentaux
qu'il s'agira de comprendre : le conspirationnisme bénéficie de la
radicalisation de la Modernité alors qu'il prétend la combattre.

L'influence d'Alain Soral sur une partie de la société française
semble témoigner d'une « crise » de la démocratie, ou plutôt d'une
crise *dans* la démocratie. En dévoilant les ressorts de l'influence
d'Alain Soral – et d'autres apprentis-sorciers de la politique qui gra-

---

6. Gilad Atzmon, « Le laboratoire israélien et les cobayes palestiniens »,
Égalité & Réconciliation, 17 juin 2013, http://www.egaliteetreconciliation.fr/
Le-laboratoire-israelien-et-les-cobayes-palestiniens-18655.html.

vitent autour de lui –, nous allons explorer les « souterrains de la démocratie ». Si Soral prétend mettre au jour l'action de groupes occultes (sionistes, franc-maçons...), son action politique est elle-même une tentative de subversion de l'intérieur du système démocratique, qui plus est en mobilisant les médias de l'Internet, diffusant ainsi ses idées sous le radar médiatique traditionnel. Comment, dans ces conditions, les idées d'Alain Soral s'intègrent-elles dans notre imaginaire politique, et que préfigurent-elles des évolutions futures de notre démocratie et de notre capacité à faire société ?

Les souterrains sont une image caractéristique du conspirationnisme, celle de l'angoisse, « *des trappes brusquement ouvertes, des labyrinthes sans espoir, des corridors infiniment allongés et leurs dures parois impénétrables et lisses* », comme l'écrit l'historien Raoul Girardet[7]. Ce sont les incertitudes actuelles, le scepticisme moderne (« La vérité est ailleurs. ») et le découragement citoyen qui se dessinent dans ces souterrains de la démocratie, véritables lieux de projection fantasmée des angoisses millénaires, apocalyptiques. Ces souterrains désignent aussi la façon dont les polémistes à la Soral minent les fondements démocratiques, sans que leur action ne soit forcément visible, à l'abri du regard médiatique. Les souterrains de la démocratie que creuse Alain Soral symbolisent la tentation grandissante chez un certain nombre de nos concitoyens de rupture symbolique ou réelle avec l'ordre politique, idéologique, social et économique. C'est une posture qu'il faut envisager comme n'étant pas si étrangère que cela à notre univers démocratique. Au contraire, il se pourrait bien qu'elle en procède assez largement et ne soit le symptôme de la pente sur laquelle nous sommes en train de glisser. Au sein d'une Modernité libérale qui se « radicalise » dans ses principes constitutifs, selon l'expression de l'historien et philosophe Marcel Gauchet[8], les individus se détachent peu à peu les uns des autres, pour paradoxalement retourner la démocratie contre elle-même. Dans sa forme la plus extrême, cette tendance à l'atomisation débouche sur le rejet des croyances dominantes et des pratiques politiques qui fondent notre contrat social ; le conspirationnisme et le ressentiment communautaire, antisémite ou autre,

---

7. Raoul Girardet, *Mythes et mythologies politiques*, Seuil, 1986, p. 42.

8. Une thèse de la radicalisation de la Modernité qu'il développe notamment à travers les trois tomes de *L'Avènement de la démocratie*, Gallimard, 2007.

deviennent alors un système de croyances de substitution et de rejet. Ce rejet radical s'apparente à une « politique de rupture ». Car le phénomène Soral dépasse le cadre du conspirationnisme ou de l'antisémitisme, qui sont les formes les plus spectaculaires d'un rejet global de ce qu'il appelle lui-même le « *Système* ». Là où le terme même de conspirationnisme pose d'importants problèmes sémantiques[9] – que nous développerons plus loin –, la notion de politique de rupture recentre l'analyse sur la volonté de faire sécession par rapport au reste de la société. On évite ainsi l'écueil courant qui consiste à réduire ce type de discours à un complot, et à sa dimension psychologique. Il relève au contraire d'une logique inséparable de celle du débat public et politique ordinaire. La politique de rupture telle que nous nous proposons de la définir est le produit d'un bouleversement dans nos modes d'existence collective marqué par trois évolutions centrales :

- sur la longue durée et sur le plan philosophique, par la « sortie de la religion » (là encore au sens de Marcel Gauchet) comme principe d'organisation des sociétés. C'est le triomphe de l'individualisme et de son corollaire négatif, l'inquiétude née de la sécularisation des grands schémas d'interprétation du monde ;

- sur le moyen terme et sur le plan politique, par le déclin du républicanisme, qui s'illustre à la fois par le dépassement de l'État-Nation et le tournant différentialiste de l'antiracisme. L'État-Nation, cadre historique de la démocratie, fournissait un « roman national » dans lequel les citoyens s'identifiaient. Avec la construction européenne et la globalisation, qui vident de sa pertinence l'identité républicaine, les identités politiques alternatives se multiplient (exaltation des racines, des origines, revendications communautaires et religieuses, etc.). C'est alors que l'ethno-différentialisme trouve un terreau prospère, à l'encontre de l'universalisme républicain qui prévalait en matière d'antiracisme. Désormais, le « droit à la différence » préfigure le séparatisme communautaire, la concurrence victimaire et le ressentiment, ressort central de l'antisémitisme et du conspirationnisme contemporain ;

- depuis quelques années et sur le plan technologique, par la restructuration des marchés du savoir et de l'information, *via* l'explosion des réseaux sociaux et d'Internet. Faute de définir des principes

---

9. Pour une discussion des ambigüités du terme de « conspirationnisme », voir aussi Evgenia Paparouni, « Les sources cognitives de la théorie du complot », in E. Danblon et L. Nicolas (dir.), *Les rhétoriques de la conspiration*, 2010.

de hiérarchisation de l'information, cette révolution technologique est le lieu du relativisme propice à la diffusion d'idées extrêmes : plus une idée est radicale et simpliste, plus sa capacité à « faire le *buzz* » et à toucher un maximum de gens est importante. La valeur d'une idée tend à se mesurer à sa radicalité plutôt qu'à sa profondeur.

Ces trois évolutions de notre système démocratique forment l'ossature du plan de ce livre. Ce sont autant de facteurs explicatifs de la tentation « rupturiste » à l'œuvre dans le discours d'Alain Soral, mais qui s'exprime aussi chez Dieudonné, et qui trouve un écho particulier chez les Français d'origine maghrébine et de culture musulmane, à tel point que le politologue spécialiste de l'islam Gilles Kepel estime que le danger pour les musulmans n'est pas tant le communautarisme que le « soralisme » qui les incite à rejoindre « *la grande communauté des exclus contre les "élites" et les "sionistes"* »[10], autant dire à « rompre », donc, avec le giron de la République pour lui préférer le confort victimaire des positions de marginaux.

Il s'agira de comprendre le système idéologique d'Alain Soral aussi bien que le contexte politique dans – et contre – lequel il s'inscrit, ainsi que les grandes transformations de la démocratie dont témoigne le succès de son discours. Au-delà de l'étude de cas que constitue la pensée d'Alain Soral, ce sont les enjeux démocratiques que son influence idéologique révèle qu'il importe d'analyser. Le fait que sa pensée ait longtemps été relayée dans les médias grand public – fût-ce pour dénoncer sa dangerosité – avant qu'elle ne soit condamnée par la justice en dit long sur les nouvelles formes de structuration du débat démocratique de notre pays : c'est révélateur de la polarisation idéologique de l'espace médiatique, de sa préférence pour le spectaculaire au détriment du réel, de sa confusion entre radicalité et profondeur d'une pensée, mais aussi d'impératifs économiques qui poussent à chercher le *buzz* plutôt que la vérité. À travers l'étude du parcours politique d'Alain Soral et sa radica-

---

10. Gilles Kepel, interview avec Marie Lemonnier, « Le PS a largement perdu l'électorat musulman », *L'Obs*, 20 avril 2014, http://tempsreel.nouvelobs.com/societe/20140418.OBS4429/le-ps-a-largement-perdu-l-electorat-musulman.html.

lisation idéologique vers l'extrême droite, c'est aussi une image de la Modernité, de ses dérives et des pathologies qu'elle porte en elle que l'on mettra en relief.

Cet essai se veut donc une tentative de prise de hauteur vis-à-vis d'un phénomène pleinement d'actualité. Un exercice exigeant mais nécessaire, car c'est au moment où notre Modernité démocratique se radicalise, pour le meilleur et pour le pire, qu'il devient capital de sonder l'agitation souterraine qui la saisit.

CHAPITRE I

L'émergence d'une contre-société

Dans cette première partie, nous commencerons par analyser la réussite d'Alain Soral et celle de son acolyte Dieudonné. Égalité & Réconciliation se présente, sur son site, comme une « association politique trans-courants » d'une formule on ne peut plus sibylline : « *[L']objectif [d'E&R] est de rassembler les citoyens qui font de la Nation le cadre déterminant de l'action politique et de la politique sociale un fondement de la Fraternité, composante essentielle de l'unité nationale.* »

Une description particulièrement prudente et générale, qui nous oblige à aller chercher plus loin, dans les discours de son président Alain Soral et dans ses dynamiques d'organisation, la réalité de ses fondements. E&R est une association politique, dont les activités sont essentiellement journalistiques : son site agrège des informations « alternatives », sélectionnées pour leur capacité à servir l'idéologie d'E&R – une idéologie qu'il faudra cerner et définir en détail. Ce travail de « ré-information », loin d'être une simple présentation neutre de l'actualité, est en réalité bel et bien au service d'un projet politique : la réussite de Soral réside dans sa capacité à rassembler et synthétiser des ressources intellectuelles et factuelles variées pour les mobiliser ensuite dans sa vision du monde. C'est sur ce point qu'il faut insister : la pensée de Soral est à la fois un outil de politisation et une ressource idéologique. Il faut absolument éviter de la réduire à sa dimension psychologique. Qu'elle soit le symptôme d'un « style paranoïde »[11] est une chose, mais cela ne doit pas occulter son carac-

---

11. Pour une analyse psychologique du conspirationnisme, voir Richard Hofstadter, *The Paranoid Style in American Politics and Other Essays*, Cambridge, Harvard University Press, 1996.

tère politique, qui est une dimension à analyser de près : quelle est la logique politique d'un mouvement qui se place en opposition totale, sur le plan symbolique et idéologique, avec la politique telle qu'elle se fait par ceux qui exercent le pouvoir ? Comment l'association E&R se réapproprie-t-elle les codes et les stratégies de la communication et de la mobilisation politiques ? Ce sont ces questions que nous nous posons ici, dans le but de comprendre l'univers, l'imaginaire symbolique et idéologique d'E&R et du mouvement conspirationniste et antisémite en général. Car l'imaginaire conspirationniste ne se déploie pas dans le vide : il faut le replacer dans l'environnement politique dans lequel il fonctionne. Sa forme politique constitue une véritable contre-société que nous nous proposons d'appeler « politique de rupture », c'est-à-dire se plaçant en rupture des représentations et des pratiques politiques dominantes, considérées avec défiance et déception. Il s'agit là d'une forme politique relativement originale dans la Modernité.

Une courte biographie d'Alain Soral : le succès contrarié d'un provocateur

Avant d'analyser le phénomène politique dont il est le porte-parole, il n'est pas inutile de commencer par évoquer quelques éléments biographiques d'Alain Soral. La vie des acteurs politiques éclaire souvent le contenu de leur doctrine, et c'est à plus forte raison le cas pour une pensée aussi radicale que celle de Soral. Sans tomber dans une psychanalyse facile, ses idées sont indissociables de son parcours personnel, car comme il le dit lui-même, sa culture politique lui vient de la rue, où « *par instinct et par bon sens* » il s'est refait « *une formation sérieuse qui n'est pas du tout celle de l'université* »[12].

Son enfance est agitée. Né en 1958, il grandit en banlieue avec un père violent qui le bat, lui et sa sœur Agnès. Celle-ci fera une carrière d'actrice, connue notamment pour son rôle dans *Tchao Pantin* aux côtés de Coluche. La famille Bonnet – Soral étant un pseudonyme pris plus tard – vit dans une cité-dortoir communiste mais les enfants vont au collège parisien catholique Stanislas ; Alain est

---

12. http://www.egaliteetreconciliation.fr/Etudiant-Alain-Soral-levez-vous-7089.html (Partie A, 11:30).

alors un enfant de chœur (au sens propre). Fils d'un notaire ruiné, il revendique cette identité sociale de « bourgeois déclassé » qu'il qualifie lui-même d' « atypique »[13] en ce qu'elle lui a permis d'être élevé à l'école catholique tout en passant son enfance dans une ville communiste d'ouvriers, ce qui préfigure effectivement son goût pour l'alliance de la « *gauche du travail et de la droite des valeurs* »...

Dissipé à l'école, il s'enfuit du domicile familial à 18 ans – et ne parlera plus jamais à ses parents – pour tenter sa chance à Paris[14]. Il est alors désireux d'intégrer le monde du show-biz, allant jusqu'à adopter le pseudonyme de sa sœur, Soral, pour profiter de sa notoriété naissante en tant qu'actrice. Vivant de petits boulots et de « drague de rue », c'est l'époque des premiers ébats, tant amoureux qu'intellectuels. Lui qui n'a pas le baccalauréat, il s'inscrit en tant qu'auditeur libre à l'École nationale supérieure des Beaux-Arts et à l'École des Hautes Études en Sciences Sociales (où il dit avoir suivi le cours de Cornélius Castoriadis), où il proposera d'ailleurs un sujet de mémoire de fin d'études sur la drague, un projet de recherche invalidé par l'EHESS pour son manque de rigueur académique. Ses peintures connaîtront aussi peu de succès que sa prose sociologique. Peu assidu à l'université, c'est surtout en lisant par lui-même qu'il se forge une culture générale. Il lit de manière boulimique les *Que Sais-Je ?* qu'il trouve à la librairie Gibert, sur tous les sujets. Le fait d'ingurgiter ainsi de l'information sans évaluation critique ni hiérarchisation des savoirs ne contribue sans doute pas pour rien à lui donner une culture décousue, parcellaire, propice aux approximations et à la mise en relation hasardeuse d'idées différentes – procédé typique du conspirationnisme. Cet aspect de la vie de Soral n'est pas sans rappeler celle de Charles Fort. Cet intellectuel américain du début du XXᵉ siècle avait pris pour résolution de maîtriser l'ensemble des savoirs scientifiques de son temps. Il s'est ensuite intéressé à des phénomènes étranges, inexpliqués (pluies de

---

13. http://www.egaliteetreconciliation.fr/Du-communisme-au-nationalisme-2975.html#nb1.

14. Sur la vie d'Alain Soral, voir ses deux romans autobiographiques, *La vie d'un vaurien* et *Misères du désir,* une interview de 2011, « Étudiant Alain Soral, levez-vous ! », http://www.egaliteetreconciliation.fr/Etudiant-Alain-Soral-levez-vous-7089.html ainsi que sa conférence biographique de Vénissieux du 2 mars 2007 qui figure parmi les « textes essentiels » d'E&R.

grenouilles, chutes de météorites...). Les thèses qu'il soutenait pour lever le mystère étaient toujours farfelues – à tel point que certains se demandent si son véritable but n'était pas de ridiculiser volontairement toute prétention à la connaissance – mais reposaient sur un empilement d'arguments hétéroclites, empruntés à diverses sources scientifiques, pour mettre en lumière des contradictions et des détails troublants[15]. Ces arguments, fragiles individuellement, donnent l'illusion de la solidité quand ils sont pris tous ensemble. C'est là le point commun avec Soral ; Charles Fort acquiert des connaissances encyclopédiques pour en arriver à des théories farfelues, en empilant artificiellement des arguments, comme Soral a tiré des *Que Sais-Je ?* un patchwork culturel plus qu'une vision critique du monde.

On voit donc dès son entrée à l'âge adulte s'esquisser les contours non pas d'une pensée, qui va se construire progressivement, mais au moins d'un état d'esprit. Ressentiment contre la figure d'autorité du père, intérêt pour les femmes, qui le fascinent autant qu'elles le dégoûtent (« *Quelle gloire peut-on tirer des filles quand on sait qu'elles sont physiquement, psychologiquement et socialement programmées pour ça ?* », se demande-t-il dans le préambule de *Misères du Désir*), désir contrarié d'appartenir au monde des lettres et des arts d'où naîtra un ressentiment pour un univers dont il sent bien qu'il ne fait pas partie... Tout cela concourt à ce qu'il développe un puissant instinct de survie, en milieu hostile, lui qui se définit comme un « déclassé » et un « éternel précaire ». Son rapport au showbiz et aux médias est très vite ambivalent : quand il parviendra à se faire inviter sur les plateaux de télévision, la satisfaction de réussir s'estompera devant le regret « *d'être d'un seul coup apprécié par les gens [qu'il a] toujours détestés* »[16] et qui voient sans doute avant tout en lui un amuseur charismatique plutôt qu'un penseur à prendre au sérieux. Il décrira ainsi son rôle de provocateur médiatique : « *Je suis devenu polémiste, crachant dans la soupe qu'on n'a pas voulu me servir* »[17].

---

15. Charles Fort, *Le livre des damnés*, Les Deux Rives, 1955.
16. https://www.youtube.com/watch?v=xDa5-eqstGw (4:11).
17. Alain Soral, *Misères du désir*, Blanche, 2004, p. 57.

La suite est plus connue. Politiquement, il est brièvement membre du Parti communiste français au début des années 1990, où il ne brille pas par son militantisme mais se fait quand même remarquer en signant avec Marc Cohen et Jean-Paul Cruse l'appel « Vers un front national » en 1993 dans *L'Idiot international,* aux accents nationalistes et qui prône un rapprochement du PCF et du Front National de Jean-Marie Le Pen contre le libéralisme libertaire du Parti socialiste mitterrandien. En tant qu'écrivain, il finit par trouver un éditeur pour ses deux premiers ouvrages, qui concernent la mode, puis pour son roman autobiographique (*Le Jour et la Nuit ou La Vie d'un Vaurien*). Mais c'est véritablement avec *Sociologie du Dragueur* (1996) et *Vers la Féminisation ?* (1999) qu'il suscite la curiosité des médias, et notamment de Thierry Ardisson, qui assure sa promotion. Invité dans plusieurs émissions de télévision, il est identifié comme « macho » agitateur et rebelle, et ses livres, volontiers provocateurs et à contre-courant sur le féminisme ou l'homosexualité, rencontrent un certain succès d'édition. Beaucoup des arguments d'Égalité & Réconciliation sont déjà là (critique du « *communautarisme victimaire* », défiance vis-à-vis des élites...), mais l'antisionisme ne va prendre une place centrale dans son discours que progressivement, au cours des années 2000. Même si dans *Jusqu'où va-t-on descendre ?,* la « *question juive* » occupe déjà « *un sixième [du] livre parce qu'elle constitue un sixième des forces, causes et problèmes qui agitent le monde actuel* »[18], elle va prendre toute la place dans son discours au fur et à mesure de ses rencontres et de ses dérapages successifs. Nous reviendrons sur l'évolution de son discours en temps voulu, lorsque nous étudierons la façon dont la structure du marché de l'information contribue à radicaliser « l'offre intellectuelle ». Pour l'heure, relevons que ses rencontres politiques accompagnent sa dérive idéologique vers l'extrême droite. En 2005, il rencontre Marc George, ancien militant du Front National et proche de Jean-Marie Le Pen, avec qui il créera Égalité & Réconciliation. La même année, Soral rencontre Dieudonné au Théâtre de la Main d'Or, à Paris, avant de faire plus ample connaissance avec l'humoriste à un rassemblement du Front National par l'entremise, précisément, de Marc George. La création formelle d'E&R se fait ensuite avec l'aide de Philippe Péninque et Gildas Mahé, deux anciens du GUD

---

18. Entretien pour le magazine *20 ans*, avril 2003.

(le syndicat étudiant d'extrême droite national-révolutionnaire) et proches du FN, en juin 2007. Avec le succès d'E&R, Soral rejoindra le FN et sera nommé (en même temps que Marc George) membre du Comité Central du parti par Jean-Marie Le Pen entre 2007 et 2009, année où il quittera le FN pour protester contre les premières tentatives de Marine Le Pen – qui n'est pas encore présidente du mouvement – de « dédiaboliser » le parti.

L'histoire personnelle d'Alain Soral est donc celle d'un vagabond de la classe moyenne déclassée cherchant à réussir comme intellectuel médiatique. Il n'a pas toujours été le polémiste d'extrême droite que l'on connaît aujourd'hui ; d'abord engagé à gauche au PCF, c'est son sens de la provocation plus que son sens politique qui lui a permis de se faire une place dans le Paris mondain. Un sens de la provocation, une volonté de « choquer le bourgeois » qui l'ont amené à se rapprocher de l'extrême droite et des postures « anti-système », non sans succès puisque c'est en tant que président d'Égalité & Réconciliation qu'il obtient une reconnaissance du public plus large qu'il n'en a jamais eue auparavant. Soral ne s'est jamais renié : du communisme au nationalisme, il y a pour lui continuité logique et cohérente, puisque ses ennemis étaient et demeurent le cosmopolitisme bancaire, l'idéologie libertaire « trotskiste » et le communautarisme juif. Son parcours biographique montre donc comment son identité revendiquée de « déclassé » structure sa haine du monde moderne et sa vision brutale des rapports sociaux. Soral se présente fondamentalement comme un romantique, dans une lutte politique (aux objectifs flous) qu'il estime désespérée « *mais qu'[il] n'est pas sûr de perdre* ». Il est guidé par ce qu'il considère comme un héroïsme vain et mégalomane, convaincu que « *si Jésus était présent sur Terre, il serait assis ici à côté de [lui]* »[19]. Se disant « *fan de Robespierre depuis l'adolescence* », il ne serait pas gêné de monter comme lui « *à l'échafaud avec Saint-Just* » si « *un processus révolutionnaire s'enclenche dans tout l'Occident* »[20] ; il se rêve ainsi un destin tragique du pamphlétaire qui a raison seul contre tout le monde.

---

19. https://www.youtube.com/watch?v=2Yt44UfdpuA (3:20).
20. https://www.youtube.com/watch?v=HOi0A5AZbdQ (1:20).

La pensée d'Alain Soral : une synthèse de l'antisémitisme historique et de la « nouvelle judéophobie »

Figure aujourd'hui adulée par certains, Soral fait la synthèse idéologique de son mouvement, E&R, au point que Marc George, l'ex-bras droit de Soral, regrette qu'E&R soit devenu un « fan-club soralien ». Sa popularité tient pour beaucoup à son indéniable charisme, à son débit rapide et incessant de paroles qui le font passer, dans la même phrase, du concept à l'insulte, du registre soutenu à la vulgarité.

Organisant un véritable culte de la personnalité autour de lui, il ne supporte pas la critique et encore moins la trahison, comme en témoigne la violence de ses échanges avec ceux qu'il considère comme trop irrévérencieux et qu'il soupçonne de vouloir prendre sa place à la tête de la « dissidence ». Anti-capitaliste, la question économique et la lutte des classes passent au second plan dans son discours, malgré son engagement de jeunesse au PCF. L'anticapitalisme a en fait servi à l'amener à l'antisémitisme : il reconnaît que c'est « *en étudiant la lutte des classes* » qu'il a découvert « *la question sioniste* ». Mais son antisémitisme a aussi une base religieuse, puisqu'il oppose la saine éthique catholique au « *tribalisme* » du peuple « *déicide* ». Il s'attaque à Israël, au sionisme international et cosmopolite, et réédite les grands classiques de l'antisémitisme d'avant-guerre, dont *La France Juive* de Drumont et *Les Juifs rois de l'époque* (1847) d'Alphone Toussenel. En commentant ce dernier ouvrage, il en profite pour replacer son antisionisme de combat dans une perspective historique – il n'hésite d'ailleurs pas ici à s'inscrire dans la tradition de « *l'antisémitisme moderne* » :

> « *Au sommet de la féodalité financière, il y a un noyau dur qui renvoie à l'épopée des Rotschild et qui fonde l'antisémitisme moderne, c'est-à-dire la prise de conscience progressive du pouvoir d'un petit nombre appartenant à une communauté précise et qui travaille à cette domination au nom d'un projet religieux. Le peuple élu arrive à avoir sa place non pas par Dieu mais par sa puissance économique* »[21].

Son combat n'est pas nouveau : il se pense comme le successeur des Toussenel et Drumont, les initiés, ceux qui ont « *pris*

---

21. Alain Soral, vidéo « Conseils de lecture », mai 2013, https://www.youtube.com/watch?v=z_2HmMnpaVs.

conscience » du pouvoir juif. Après la domination capitaliste, la domination sioniste n'est donc qu'un nouvel avatar de la puissance juive. De la même manière, il s'attaque à la fois à la judéité d'un point de vue religieux (critique de l'Ancien Testament et du Talmud comme projet de haine suivi par les juifs cosmopolitiques aujourd'hui), mais aussi racial (avec des analyses, selon son expression, « *racialo-communautaires* » où il définit ce qu'est un monde « *où chacun est à sa place* »[22]). Antisémitisme de gauche et antisémitisme de droite, antisémitisme religieux et antisémitisme racial : Soral fait la synthèse. Peu importe le chemin, tant qu'on parvient à remonter la trace des juifs, auxquels tout ramène de toute façon... Il réactualise le phénomène ancien – on pourrait dire millénaire – de la haine des juifs, tout en lui superposant la cause palestinienne et l'antisionisme « *de banlieue* » propre à la « *nouvelle judéophobie* »[23].

Le thème de la réconciliation de la « *gauche du travail et la droite des valeurs* » n'est pas non plus nouveau. Il n'y a là qu'un projet de dépassement du clivage gauche-droite, qui irrigue toute l'extrême droite depuis les débuts du parlementarisme républicain, et qui connaît un apogée dans l'entre-deux guerres. Soral reprend là aussi des thèmes pré-existants ; contre le libéralisme libertaire, il faut l'alliance des patriotes, des anti-libéraux et de tous ceux qui ont le sentiment de subir le système politique. E&R reprend et revendique l'héritage du Cercle Proudhon (dont E&R a réédité les *Cahiers*), groupuscule d'intellectuels de l'Action Française qui, entre 1911 et 1914, désiraient attirer des syndicalistes révolutionnaires et faire l'union sacrée des révolutionnaires et des monarchistes contre la démocratie libérale.

Enfin, la question des rapports hommes-femmes, qui l'obsède et sur lesquels il a beaucoup écrit, constitue un autre de ses thèmes de prédilection. Se revendiquant machiste et défendant une conception relativement brutale des rapports entre les sexes, le féminisme est selon lui une entreprise pour dé-viriliser l'Homme moderne, qui a beaucoup à voir avec le processus de reconnaissance institutionnelle de l'homosexualité. Féministes et gays sont donc, outre les

---

22. Voir « Quand Poutine parle, Elkabbach s'écrase », https://www.youtube.com/watch?v=ks9Zs-HLe4s.

23. Pierre-André Taguieff, *La nouvelle judéophobie*, Mille et une nuits, 2002.

juifs et les « *bobos libertaires* », les « *minorités agissantes* » contre lesquelles il s'agit de restaurer la saine unité de la Nation française et ses valeurs traditionnelles, corrompue par l'idéologie sioniste et libérale qui s'est infiltrée en son sein et complote en vue de sa destruction finale.

Ainsi, la pensée de Soral fait la synthèse de tous les courants qu'il draine autour de lui. Il s'agit à présent d'établir une typologie plus précise de ces courants.

Typologie des courants idéologiques d'Égalité & Réconciliation : la cartographie intellectuelle du conspirationnisme

Plutôt que simplement décrire le mouvement, il convient désormais d'étudier la façon dont ses arrangements idéologiques proposent une cartographie intellectuelle[24] dissonante par rapport à l'imaginaire politique républicain et démocrate, et la façon dont les ressources idéologiques et symboliques sont mobilisées pour construire une contre-vision du monde politique et culturel.

Nous avons déjà, en introduction, esquissé les grandes lignes idéologiques d'E&R, et nous venons d'aborder la pensée d'Alain Soral. Nous sommes en présence d'une doctrine qui modernise considérablement cette extrême droite. Si le dépassement du clivage gauche-droite est un grand classique, la superposition de l'enjeu ethno-culturel est assez nouveau de ce côté du spectre politique. Rares sont les mouvements d'extrême droite faisant cohabiter Français « de souche », noirs et musulmans sous une même enseigne.

Sous couvert de « réconciliation nationale », il s'agit de réunir blancs nationalistes de culture catholique et musulmans des classes populaires. Ce qui les rassemble, c'est d'abord le conservatisme social. Là où la Manif pour Tous et le Printemps français avaient surtout été le fait des catholiques conservateurs, E&R a réussi à introduire le thème de la lutte contre la reconnaissance institutionnelle de l'ho-

---

24. Pour reprendre l'expression de Fredric Jameson, *La totalité comme complot : conspiration et paranoïa dans l'imaginaire contemporain*, Les Prairies Ordinaires, 2007.

mosexualité et la théorie du genre dans les milieux musulmans identitaires, par l'entremise d'une militante proche de Soral, Farida Belghoul, qui a organisé en 2014 les « Journées de Retrait de l'École » (JRE), afin de protester contre les « ABCD de l'Égalité » (un plan d'action ministériel censé promouvoir la théorie du genre auprès des enfants à l'école). Ces JRE avaient connu un succès tout particulier auprès des musulmans dans les quartiers où E&R est bien implanté, en Seine-Saint-Denis notamment, et avaient permis de jeter des ponts entre musulmans identitaires et catholiques conservateurs, puisque Belghoul avait pu rencontrer Christine Boutin notamment autour du combat contre la théorie du genre. Si l'islam attire au sein de cette extrême droite incarnée par E&R, c'est précisément en raison de son image de religion virile, anti-moderne, voire de religion de persécutés par l'impérialisme américain et bien sûr victime en Palestine de la colonisation israélienne. Ce n'est donc pas un hasard si l'ex-n°2 et co-fondateur d'E&R, Marc George, s'est lui-même converti à l'islam.

Outre le conservatisme social, nationalistes et musulmans partageraient une même condition, celle d'être mis en minorité (symbolique) par ce que Soral nomme « *l'idéologie dominante* », le « *Système* ». Les « *petits Blancs* », victimes de l'immigration et de la paupérisation économique (double insécurité, culturelle et économique), ont le sentiment de devenir une minorité dans leur propre pays, abandonnés par la gauche parce qu'ils sont Blancs et laissés de côté par la droite parce qu'ils sont pauvres. Les musulmans, quant à eux, sont toujours victimes de discrimination et ne parviennent pas à gagner le respect de leurs concitoyens. Ils subissent eux aussi une insécurité culturelle (libéralisation des mœurs incompatible avec les convictions islamiques) et économique. Si les deux groupes sont ainsi également marginalisés, c'est parce que, dans l'esprit d'Alain Soral, ils ont le même ennemi :

« *Il y a deux catégories de gens qui sont montrées du doigt [...] par l'idéologie dominante, c'est le musulman qui veut vivre sa foi en France et le militant Front National. C'est les deux qui se font cracher à la gueule par les animateurs de Canal+ et les vendus de Charlie Hebdo, et pourtant [ils se détestent] l'un l'autre. Je leur dis : vous avez peut-être des choses à vous dire car quand on subit les mêmes attaques par les mêmes, c'est forcément que par le rapport au tiers, on a des points communs.* »[25]

---

25. Alain Soral, interview *Meta TV*, juin 2014, https://www.youtube.com/watch?v=b9yQmJBDkvo (31:00).

Même si Soral reste sur le registre du sous-entendu, ses sympathisants auront compris que « les mêmes » qui attaquent de concert musulmans et militants FN, ce sont les sionistes, coupables d'avoir d'abord organisé l'immigration en France pour humilier les petits Blancs, avant de se retourner contre les immigrés, qui se trouvaient être musulmans en majorité. Il s'agit donc, désormais, de se réconcilier et de se retourner contre les sionistes, qui sont la véritable armée d'occupation de la France. Palestine, France, même combat. C'est de cette manière, sur fond géopolitique à l'extérieur et social à l'intérieur, que s'élabore le nouvel antisémitisme.

Le mouvement « dissident » auto-proclamé, néo-conservateur et antisémite « œcuménique », si l'on peut dire, se structure autour des personnalités de Soral et Dieudonné et du tissu économique créé et géré par eux. Sur le plan politique et intellectuel, Soral a incontestablement une prédominance sur Dieudonné, pourtant plus médiatique que l'essayiste. Ainsi, plus que dieudosphere.com, qui appartient à l'humoriste, c'est bien Égalité & Réconciliation qui fait figure de « portail de la dissidence »[26], comme voulu par le co-fondateur du site, Marc George, ex-militant FN aujourd'hui brouillé avec Soral.

Égalité & Réconciliation est un agrégateur d'informations sur les sujets de prédilection de l'association : le sionisme, l'antiracisme, les scandales politiques, le déclin économique, les dysfonctionnements de l'Europe... Ainsi, E&R est à la fois une association politique (avec une charte et des objectifs politiques – la « *réconciliation nationale* » par l'union de la « *gauche du travail et la droite des valeurs* ») et un site d'informations, ou de « *ré-information* »[27] (avec une rubrique d'actualités particulièrement fournie, alimentée quotidiennement). Cette double étiquette n'est pas sans tensions internes : ainsi, Alain Soral voit E&R comme un *think tank*, tandis que Marc George, cofondateur et ex-secrétaire général, voulait en

---

26. Marc George, cofondateur d'E&R, lors d'une interview pour *Meta TV* en novembre 2014, https://www.youtube.com/watch?v=QjnirIBEqtU.

27. Le terme, souvent repris par Alain Soral, a été théorisé par Jean-Yves Le Gallou, proche de Bruno Gollnisch et fondateur du site Polemia : il s'agit de « *réinformer* » le peuple face aux mensonges des médias traditionnels « *politiquement corrects* ».

faire une véritable organisation politique[28]. Même si E&R a évolué ces dernières années vers la première voie, après la démission de Marc George, l'ambiguïté demeure : quel simple site de « *réinformation* » construit une base militante et participe à des opérations politiques ? Le simple terme de « *réinformation* » montre une orientation idéologique, une volonté, sous couvert de « *dire la vérité* » face aux « *mensonges des médias* », de diffuser une vision du monde. Quoi qu'il en soit, cette ambiguïté permet à E&R d'afficher des positions politiques propres – à travers les vidéos et les textes d'Alain Soral notamment – et d'en relayer d'autres, en les intégrant à son corpus idéologique. Cela fait d'Égalité & Réconciliation, plus qu'une simple association, la vitrine d'un mouvement politique relativement hétéroclite et attrape-tout. Les analyses relayées proviennent de traditions politiques et philosophiques variées, ce qui permet d'attirer des publics d'horizon divers – une « *armée de Spartacus* » selon l'expression d'Alain Soral –, le point commun entre toutes ces analyses étant leur critique radicale du capitalisme, du mondialisme, de la démocratie libérale, du progressisme ou du sionisme. E&R a réussi à devenir l'incontournable « *portail de la dissidence* ». Ainsi, même si la pensée d'Alain Soral est fondamentale pour le mouvement, elle ne résume pas tout. C'est d'ailleurs une stratégie concertée de la part de Soral, qui a souhaité « *multiplier les dissidents, reliés dans un réseau solidaire* »[29] pour faire grandir E&R.

La typologie des courants qui forme les fondements idéologiques d'E&R se décompose en plusieurs groupes de pensée, eux-mêmes subdivisés en catégories, qui sont autant de strates de la pensée E&R. Pour chaque catégorie, nous identifions les personnalités qui les incarnent le mieux ; une même personnalité peut ainsi se retrouver dans plusieurs catégories si elle s'inscrit dans plusieurs courants théoriques. Ajoutons enfin une précision, et non des moindres :

---

28. Lettre de Marc George, retranscrite par Abel Mestre et Caroline Monnot, « Rien ne va plus à Égalité & Réconciliation », blog Droites Extrêmes, 16 février 2010, http://droites-extremes.blog.lemonde.fr/2010/02/16/rien-ne-va-plus-a-egalite-et-reconciliation/.

29. Alain Soral, rencontre-dédicace des auteurs de Kontre Kulture à Nantes, organisée par E&R Nantes, 20 décembre 2014, http://www.egaliteetreconciliation.fr/Rencontre-dedicace-avec-les-auteurs-de-Kontre-Kulture-30028.html.

qu'une personne soit citée dans cette typologie ne signifie pas forcément qu'elle adhère à l'ensemble des idées exprimées par Égalité
& Réconciliation. À chaque fois, nous nous efforçons autant que
possible de préciser le degré de proximité des personnes nommées
avec E&R. Ainsi, certaines travaillent en connaissance de cause avec
E&R en accordant des interviews ou des conférences à l'association
(outre les personnalités du « premier cercle », Marion Sigaut, Farida Belghoul, Piero San Giorgio, pour ne citer que quelques-uns
des noms qui composent la typologie ci-dessous et qui font partie
du « *réseau solidaire* » dont parle Soral), que ce soit par conviction
ou par défaut, ne trouvant pas d'autres médias pour diffuser leurs
idées. Pour d'autres (notamment dans le dernier cercle), leurs interventions télévisées sont simplement relayées par E&R (à leur insu),
ce qui signifie que leur présence dans cette typologie n'est pas de
nature à les rattacher pour autant à l'extrême droite et ne les rend en
aucun cas suspects d'antisémitisme ; c'est le système de pensée décrit ici *dans son ensemble* (classé par intensité et importance décrois-
sante) qui compose l'imaginaire et l'horizon politique d'Égalité &
Réconciliation et non les théories particulières que l'association
relaie. Utiliser des intellectuels venant de cultures politiques « ac-
ceptables » (comme la gauche, avec Emmanuel Todd, ou l'école
autrichienne d'économie avec Olivier Delamarche) fait justement
partie intégrante de la stratégie d'E&R pour tenter de s'émanciper
des classifications à l'extrême droite de l'échiquier politique. À ces
intellectuels respectables, il emprunte surtout le champ lexical de
la destruction, de la domination, de l'effondrement économique
ou moral, qui sert la cartographie intellectuelle proposée par E&R.
Ainsi en est-il de l'analyse du rôle dominateur de l'Allemagne en
Europe chez Emmanuel Todd, l'impasse progressiste de la gauche
chez Jean-Claude Michéa, etc. Que ces auteurs ne versent pas dans
l'obsession juive, c'est précisément ce que leur reproche Soral ; mais
le principal est qu'une partie de ces analyses de gauche hétérodoxe
peuvent être récupérées, en ne gardant que les oppositions super-
ficielles entre dominés et dominants, et en laissant de côté le reste.
Les distinctions dominés/dominants de toute sorte et provenant
de toute idéologie permettent à Soral de rappeler que « la vérité est
ailleurs », et que les rapports sociaux étant marqués par la domination, les catégories politiques et idéologiques institutionnelles des
dominants ne fonctionnent pas.

Le rôle de cette typologie n'est pas d'établir un catalogue des idées brassées par les milieux conspirationnistes et antisémites contemporains. Le but est de mettre à jour la « cartographie intellectuelle » de la pensée conspirationniste et les mécanismes de son élaboration. Une telle cartographie a pour fonction de permettre à l'individu de se repérer au sein de la totalité des structures de l'espace économique, social et politique, en schématisant et en rationalisant symboliquement ces structures et sa place parmi elles. Or, à l'ère de la radicalisation de la modernité, de la globalisation et du relativisme de l'information, il est de plus en plus difficile de situer son expérience personnelle dans la marche du monde. Le développement de l'imaginaire conspirationniste est une réponse à cette difficulté. Il agit comme une reconstruction d'une cartographie intellectuelle, ramenant toutes les structures du pouvoir à la figure du comploteur, et propose ainsi une lecture du monde et de l'actualité la plus simple possible. Nous allons montrer comment, sur la carte intellectuelle du conspirationnisme, diverses sources idéologiques convergent vers les figures du comploteur et du dominateur.

Le premier cercle : L'obsession juive

CONSPIRATIONNISME : attentats de Boston, de Toulouse, de *Charlie Hebdo*, du 11 septembre 2001, décapitation de J. Foley... Tout est sujet aux théories du complot, en particulier ce qui porte atteinte à l'image des musulmans dans le monde. En effet, un attentat « islamiste » ne saurait être autre chose qu'une conspiration sioniste pour nuire à l'islam. Le terrorisme islamiste ne serait alors qu'une invention américano-sioniste pour légitimer la politique d'Israël en Palestine, faisant de l'État hébreu non pas un État colonialiste mais un rempart contre le fondamentalisme.

Les conspirationnistes, dans leur absolutisme du doute, vont parfois jusqu'à voir un complot... dans les théories du complot elles-mêmes. Ainsi en est-il des thèses de Laurent Guyenot, auteur à Kontre Kulture (la maison d'éditions de Soral), qui voit dans la mouvance complotiste du 11-septembre (dénonçant un *inside job* de la CIA) un vaste écran de fumée visant à détourner les âmes sceptiques des *vrais* coupables, qui ne sont pas les États-Unis, mais bien l'État d'Israël, aidé par les Juifs américains. On le voit, le conspirationnisme consiste en une logique réflexive obsessionnelle, qui sera analysée plus en détail, et qui peut difficilement être détachée de sa dimension antisémite.

ANTISIONISME : si *Comprendre L'Empire* est saturé d'antisionisme, qui constitue en quelque sorte la spécialité de son auteur, Soral donne la parole à d'autres personnes pour parler d'antisionisme, notamment Salim Laïbi, figure importante de la « dissidence », anti-franc-maçon, aujourd'hui gravement fâché avec Soral qu'il critique vertement (il l'accuse de ne pas être fidèle aux valeurs helléno-chrétiennes dont il se réclame par ailleurs). En outre, Soral fait appel à des « cautions juives », deux en particulier : Jacob Cohen et Gilad Atzmon (l'un est Marocain, l'autre Israélien). Si la cause palestinienne est largement évoquée par les deux individus, il ne faut pas s'y tromper : plutôt que d'un élan spontané d'empathie et de compassion pour le peuple palestinien, qui souffre d'authentiques injustices, leur antisionisme, les deux individus voient aussi la main du sionisme à l'œuvre en France. Jacob Cohen, grand pourfendeur du « lobby juif », appelle ainsi les Français musulmans à se communautariser pour résister face aux juifs. Cohen revendique d'ailleurs le terme de « complot juif »[30] pour décrire le fonctionnement de la politique française et internationale. Gilad Atzmon, jazzman et écrivain, est sur une ligne similaire. Il s'intéresse également aux idées négationnistes, allant jusqu'à interviewer Robert Faurisson dans sa ville de Vichy[31]...

Dans le camp antisioniste, on retrouve également, à l'extrême droite, Emmanuel Ratier, aujourd'hui décédé, qui avait ouvert la librairie d'extrême droite Facta et éditait la revue *Faits et Documents*. À l'extrême gauche, Béatrice Pignède – elle aussi décédée –, réalisatrice du documentaire *L'oligarchie et le sionisme*. Dans le champ culturel, on retrouve bien sûr l'humoriste Dieudonné, avec qui Soral a participé à la Liste Antisioniste en 2009 et a lancé le parti Réconciliation Nationale début 2015. Des dessinateurs comme Zéon

---

30. Jacob Cohen, entretien du 23 mai 2015 avec *Égalité & Réconciliation*, http://www.egaliteetreconciliation.fr/Entretien-avec-Jacob-Cohen-sur-le-supremacisme-juif-et-les-strategies-communautaires-33054.html (35:00).

31. http://www.egaliteetreconciliation.fr/Gilad-Atzmon-rencontre-Robert-Faurisson-30143.html.

ou Joe le Corbeau participent enfin de la création d'une identité visuelle et d'un imaginaire graphique « antisioniste ». Zéon a ainsi été condamné pour provocation à la haine raciale le 20 septembre 2013 – avant d'être relaxé en appel – pour un dessin représentant un juif (ou un soldat de Tsahal) tenant une balance penchant du côté d'un déporté au pyjama rayé, alors que toutes les autres « victimes » (un Noir, un Indien entre autres) se tiennent de l'autre côté de la balance, pour souligner le « deux poids-deux mesures » dans la mémoire qu'instrumentalisent les juifs.

ANTISÉMITISME / NÉGATIONNISME : la frontière est parfois floue entre antisionisme et antisémitisme. Plus exactement, la simple critique – légitime – de la politique colonialiste israélienne est parfois instrumentalisée comme moyen de faire progresser l'antisémitisme. Mais d'autres personnes, au cœur de la nébuleuse soralienne, se revendiquent ouvertement antisémites ou négationnistes. Robert Faurisson notamment, le « père » du négationnisme en France, fait partie des figures de référence à E&R et pour Soral, qui considère que Faurisson est « *un honnête homme [..] qui dit la vérité* », « *bien plus au point sur le sujet [des chambres à gaz] que ses contradicteurs* »[32]. Par ailleurs, on se souvient que Dieudonné avait créé la polémique en invitant – et en faisant applaudir – Faurisson sur scène à plusieurs reprises en 2008, 2009 et 2011. Entre les deux s'est instauré un vrai dialogue, entre sketchs de l'humoriste et interviews complaisantes. Du fait du grand âge du père du négationnisme, des personnages moins connus du grand public ont repris le flambeau : Vincent Reynouard en particulier diffuse un nombre considérable de vidéos et brochures révisionnistes sur les chambres à gaz qu'il diffuse notamment sur YouTube. Ce sont surtout ses démêlés judiciaires qui lui valent le soutien d'E&R, qui relaie systématiquement les « *persécutions* » qu'il subit (Reynouard a été condamné à plusieurs reprises à de la prison ferme pour contestation de crimes contre l'humanité). Citons enfin Hervé Ryssen, qui diffuse des vidéos sur YouTube dans lesquelles il se revendique lui-même raciste, antijuif et antisémite et qui a écrit plusieurs livres conspirationnistes, antisémites et antimondialistes ayant connu un petit succès dans les milieux d'extrême droite.

---

32. Alain Soral, vidéo du mois, Égalité & Réconciliation, octobre 2011, https://www.youtube.com/watch?v=CGwHQyDQgdc.

Le deuxième cercle : le bric-à-brac militant
« gauche du travail et droite des valeurs »

Après le premier cercle – le cœur de l'idéologie d'E&R – qui se structure autour de ce qu'on pourrait appeler « la question juive », vient le moment d'évoquer la façon dont E&R utilise des idéologies de la « *gauche du travail* » (anticapitalisme) et de la « *droite des valeurs* » (conservatisme, nationalisme), toutes basées sur la contestation. Une synthèse hétéroclite donc, basée sur la vieille idée du dépassement du clivage gauche-droite par la critique de la démocratie libérale. Comme dans les autres catégories, E&R se raccroche ici à tout mouvement social, courant de pensée ou idéologie politique « *antisystème* ». L'anticapitalisme, par exemple, a ainsi fondamentalement un rôle fonctionnel.

CONSERVATISME MILITANT : la Manif Pour Tous contre le mariage homosexuel a été l'occasion pour E&R de développer ses réseaux dans le mouvement social conservateur. L'une des figures de la Manif pour Tous, puis de la fronde contre la théorie du genre, Farida Belghoul, est ainsi revenue sur le devant de la scène médiatique grâce à E&R, qui lui a redonné la parole trente ans après son rôle dans la marche des Beurs de 1983. Il n'est donc pas étonnant qu'ayant lancé la Journée de Retrait de l'École (contre la théorie du genre), elle reconnaisse elle-même que beaucoup de ses adhérents venaient d'E&R[33]. Son conservatisme et sa vision du monde rejoignent largement les pensées d'Alain Soral, elle qui estime que ceux qui la critiquent « *font le plus grand bonheur de la franc-maçonnerie* ».

Outre Farida Belghoul, désormais en froid avec Soral (ce dernier lui reprochant de lui faire de l'ombre dans la « *dissidence* »), de nombreux mouvements conservateurs sporadiques et éclectiques sont proches d'E&R, que ce soit contre la supposée pédophilie des élites ou pour la démission de François Hollande.

NATIONALISME : doctrine classique de l'extrême droite, les références nationalistes sont évidemment nombreuses à E&R, du Front National à l'UPR de François Asselineau, en passant par Debout la

---

33. Vidéo *Meta TV*, 18 octobre 2014, https://www.youtube.com/watch?v=IUBFI6D1kUs.

France de Dupont-Aignan. Le fantasque ex-député belge Laurent Louis est également un proche de Dieudonné, avant qu'une violente dispute ne les oppose début 2015. Il faut signaler en outre que E&R a hébergé les vidéos d'actualité de Jean-Marie Le Pen après que Marine se fut désolidarisée de son père.

Anticapitalisme : si E&R a une vision critique du capitalisme, c'est surtout en relayant les travaux d'experts n'ayant pas grand-chose à voir avec le mouvement que s'opère cette critique. Ainsi, Emmanuel Todd et Jean-Claude Michéa font partie des intellectuels qui voient, à leur insu, leurs idées reprises par E&R. Toutefois, ces penseurs sont également l'objet de critiques de la part d'Alain Soral, qui les cite pour leur remise en cause du néolibéralisme, de l'Europe libérale et de la dynamique du capitalisme, mais Soral s'emploie à les disqualifier en montrant, dans ses vidéos, en quoi elles manquent de pertinence – la raison étant principalement, pour le dire simplement, qu'elles ne vont pas jusqu'au bout de leur logique, comprendre : elles critiquent le système sans voir quelle communauté se cacherait derrière ce système[34]. C'est le même type de critique qu'E&R adresse à Eric Zemmour pour son livre *Le Suicide français* : tout en saluant le constat de déclin de la France depuis quarante ans, E&R corrige Zemmour en affirmant que ce « *suicide* » était en fait un « *meurtre* », commis « *sous les coups de boutoir du lobby sioniste* »[35]. On retombe donc non pas sur une critique globale et cohérente des rouages de l'économie et de la politique mais sur le premier cercle, celui de l'obsession juive.

Même s'il est clair que les Michéa, Todd et les autres (citons aussi Frédéric Lordon, souvent récupéré par l'extrême droite) ne sont en aucune façon liés à E&R, le fait que ce mouvement s'intéresse, lui, à leur pensée a un effet pervers pour ces auteurs. Le risque est en effet grand que des esprits mal intentionnés en profitent pour faire semblant de voir là des convergences idéologiques malsaines ; il faut pour-

---

34. Dans la vidéo du mois du 17 mai 2015, Soral reprend la formule (malheureuse) d'Emmanuel Todd comparant Valls à Pétain, mais prolonge l'analogie avec les années 30 en comparant l'occupant allemand à Israël et la Milice au Crif, à la Licra et à l'UEJF.

35. Rédaction E&R, « *Le Suicide français* de Zemmour est-il un meurtre ? », *Égalité & Réconciliation*, 3 novembre 2014, http://www.egaliteetreconciliation. fr/Le-Suicide-francais-de-Zemmour-est-il-un-meurtre-28919.html.

tant précisément éviter d'assimiler des intellectuels « de gauche » à l'extrême droite pour la seule raison que celle-ci s'intéresse à eux. Car vu l'étendue et la diversité des courants intellectuels à laquelle E&R emprunte, il ne resterait pas beaucoup d'idées dont la gauche pourrait revendiquer l'exclusivité et qui seraient assez « pures » pour ne pas être suspectes de complicité logique avec l'extrême droite...

Le troisième cercle : l'activisme identitaire

Le troisième cercle est celui des identitaires. Préjugés antijuifs et activisme identitaire sont étroitement liés par une lecture communautaire, racialiste, des rapports sociaux. À ce titre, E&R défend *tous* les identitaires, appelés à se « *réconcilier* » – c'est-à-dire faire front – contre une autre identité, l'identité juive.

SUPRÉMACISME NOIR : très proche d'Alain Soral – avant qu'une querelle interne ne vienne les séparer –, Kemi Seba est depuis longtemps un compagnon de route d'E&R. Kemi Seba, dont le groupe Tribu Ka a été dissous pour antisémitisme en 2006, promeut une vision violente et radicale de l'identité noire, appelant par exemple les Africains de la « *diaspora* » (autrement dit, les Européens ou les Américains de couleur) à engager un rapport de forces contre les « *élites blanches et sionistes* » pour faire reconnaître leurs droits, et ultimement à rentrer en Afrique, et teintée d'antisémitisme (les Juifs étant notamment censés être responsables de la traite négrière). Kemi Seba dit que lui et Soral ont « *le même ennemi* »[36], tandis que Soral considère sa démarche (promouvant la remigration des Noirs en Afrique) « *légitime et cohérente* »[37]. Kemi Seba a également été proche de Dieudonné, quand ce dernier a commencé à s'intéresser de près à la question noire ; la mémoire de l'esclavage – et le sentiment de deux poids-deux mesures par rapport à la Shoah – reste, aujourd'hui encore, une idée forte de Dieudonné et de son audience.

SUPRÉMACISME BLANC : E&R entretient d'importantes relations avec les identitaires blancs. En 2007, Serge Ayoub (des Jeunesses

---

36. Kemi Seba, interview *Kontre Kulture*, https://www.youtube.com/watch?v=9SDPjxSSKcU.

37. Alain Soral, interview *Meta TV*, 16 juin 2014, https://www.youtube.com/watch?v=891DOXTsVxM.

Nationalistes Révolutionnaires) et Alain Soral ont fondé le bar *Le Local*, avec le soutien financier de Frédéric Chatillon, Gildas Mahé et Philippe Péninque, anciens du GUD[38]. L'aventure entre E&R et les JNR n'avait cependant pas duré, ces derniers ayant du mal à cohabiter avec les militants d'origine maghrébine d'E&R... Si cela montre les limites du « trans-courants » pour Soral, celui-ci a néanmoins apporté son soutien aux JNR lors de la mise en cause du groupuscule dans la mort du militant antifasciste Clément Méric en 2013. Les réseaux identitaires, relativement autonomes, n'en restent donc pas moins dans le champ de vision de Soral, qui a coutume de rappeler qu'entre lui et les identitaires blancs, il n'y a principalement qu'une différence de priorités, ces derniers préférant s'attaquer d'abord aux nuisances visibles (la diversité ethnique) quand lui s'intéresse surtout aux nuisances d'en haut (élitistes)...

Fondamentalisme religieux : la religion occupe une place importante à E&R, qui promeut un « front de la foi » entre catholiques et musulmans contre le matérialisme, le progressisme et le sionisme. Ainsi, Pierre Hillard et le cheik Imran Hosein sont des penseurs phares de la nébuleuse E&R. L'un développe une analyse géopolitique du « *mondialisme* » comme idéologie de destruction des traditions et des nations dans une optique eschatologique (l'Histoire étant le lieu de l'affrontement entre l'Église et la Synagogue) ; l'autre alerte les musulmans de l'arrivée du *dadjal*, l'Antéchrist, qui viendra de Jérusalem, et incite les musulmans de France à rentrer en Afrique du Nord à cause de l'islamophobie française. Encouragés à vivre leur foi sans complexes, les « fidèles » de Soral, qu'ils soient catholiques ou musulmans, découvrent qu'il existe des ponts entre islam et catholicisme, qui peuvent s'unir dans le conservatisme contre l'ennemi commun, le sionisme : c'est la fameuse « réconciliation nationale » prônée par E&R dans son slogan.

Le quatrième cercle :
le catastrophisme et le rejet de l'idée de progrès

Les ravages du progrès, l'idée de « catastrophe » sont une image importante pour E&R, car la politisation de la catastrophe à venir

---

38. Frédéric Haziza, *Vol au-dessus d'un nid de fachos*, Fayard, 2014, p. 52.

vient soutenir, d'une certaine façon, l'antisionisme politique : s'il faut lutter contre le sionisme, idéologie dominante en France, c'est parce qu'il mène au chaos.

SURVIVALISME : à travers les stages « Prenons le Maquis », le survivalisme occupe une place importante à E&R. Ces stages sont organisés par une figure centrale du mouvement survivaliste francophone, l'écrivain suisse Piero San Giorgio, dont les livres sont de véritables succès de librairie bien au-delà même de l'extrême droite. San Giorgio a participé à plusieurs conférences avec Alain Soral afin de distiller ses conseils pour se préparer à l'effondrement économique à venir (« *d'ici 2022* ») qui justifie de s'organiser en conséquence (réapprendre à travailler la terre, à vivre en autonomie dans la nature, et bien sûr à manier des armes et pratiquer l'auto-défense).

Le cas du survivalisme est intéressant et mérite quelques développements, car il résume bien la mentalité E&R : il a un côté ludique (imaginer un monde post-apocalyptique, se préparer dans la joie et la bonne humeur lors des stages en pleine nature), mais aussi éminemment politique puisqu'il est le constat d'une faillite absolue des élites, qui nous précipitent vers le chaos et ne seront même plus capables d'assurer un minimum de cohésion sociale. Cette double dimension ludique/politique est fondamentale à E&R ; elle reflète la complémentarité Dieudonné/Soral, c'est-à-dire la mobilisation politique par le rire, et à la fois rire de la politique et politiser le rire. D'ailleurs, ce n'est pas un hasard si le survivalisme, qui pourrait être un sympathique mouvement néo-hippie (retrouver les joies simples de la nature, loin de la société industrielle matérialiste), a en réalité une vraie perméabilité avec les idées racistes. Certes, les livres de Piero San Giorgio sont inattaquables sur ce plan, et lui-même dit que « *le survivalisme n'est pas lié à une mouvance politique particulière* »[39], étant aussi bien écologiste que libertaire, voire libertarienne. Mais ses vidéos – sans parler de sa complicité avec Soral – laissent entrevoir une vision du monde pour le moins connotée à l'extrême droite. Dans une vidéo

---

39. Piero San Giorgio, vidéo du 15 septembre 2014, « Politique et Survivalisme », https://www.youtube.com/watch?v=JuzA3X0M0c0.

relayée par E&R sur le virus Ebola[40], il dit n'avoir jamais compris « *pourquoi des blancs vont en Afrique aider des Africains* » et qu'on n'aurait « *jamais dû* » aller coloniser ce continent car « *certes, [les Africains] n'ont pas inventé la roue* », mais avaient au moins leur culture, « *ils se vendaient, ils avaient l'esclavage entre eux mais c'était leur culture* ». Après cette série de clichés, il rejette la faute de la colonisation sur « *les commerçants, dont on sait très bien qui c'est [...], ils ne sont pas de ma religion* ». On peut supposer sans faire de mauvais procès d'intentions qu'il pense là aux juifs, retombant donc sur des thématiques chères à Soral et à Dieudonné (la colonisation et l'esclavage comme systèmes organisés par les Juifs). Même si ces questions ne sont pas au cœur du survivalisme en tant que tel, la convergence de pensée sur certains sujets-clé entre Soral et San Giorgio montre à quel point l'imaginaire survivaliste, pour lequel le futur est signe d'effondrement inexorable (le chaos économique arrive), est une bonne métaphore de l'imaginaire antisémite et conspirationniste de Soral : « *Jusqu'où va-t-on descendre ?* », se demandait l'essayiste en 2002 dans l'ouvrage éponyme. Le survivalisme a la réponse : jusque dans l'enfer du chaos économique dans lequel on ne pourra compter que sur soi-même et surtout pas sur les élites. Peur du chaos et nécessité de s'organiser en contre-société en réaction, tels sont les deux affects qui structurent le survivalisme de manière littérale, et plus largement, sous des formes un peu plus subtiles, le mouvement « *dissident* ».

ÉSOTÉRISME : toujours dans le registre du catastrophisme, E&R fait également la part belle à l'ésotérisme. C'est plus particulièrement le travail du journaliste Pierre Jovanovic qui est relayé. Des conférences sont régulièrement organisées par E&R avec Soral et Jovanovic, et les ouvrages de ce dernier font l'objet de recensions élogieuses et d'interviews par le mouvement. Le travail de Jovanovic – qui s'est fait connaître dans les années 80 pour son *Enquête sur l'existence des anges-gardiens* – consiste à commenter l'actualité économique et financière en s'appuyant sur les Évangiles. Il prédit ainsi l'effondrement de Wall Street à partir de prophéties de Saint-Jean, et voit dans l'abandon du standard-or le début de la fin des

---

40. Piero San Giorgio, vidéo du 13 octobre 2014, « Ebola : Analyse de la situation et préparatifs simples à faire », https://www.youtube.com/watch?v=H UfdCGJtPBY&feature=youtu.be.

temps. Dans ses revues de presse, il se concentre sur les informations alarmistes, souvent anecdotiques, qui ne donnent pas une vision globale de l'état de l'économie mais qui ont le mérite d'aller dans le sens qu'il prédit, celui de l'effondrement (ainsi de ses listes hebdomadaires de licenciements en France, jamais accompagnées, évidemment, de listes d'embauches, afin de bien mettre l'accent sur la progression inexorable du chômage).

LÉGITIMISME : pour compléter l'étude de ce quatrième cercle, il faut aborder la forme la plus « politique » que prend la défiance vis-à-vis du progrès à E&R : c'est le monarchisme légitimiste. Depuis quelques années, Soral vante l'Ancien Régime contre les mensonges révolutionnaires et républicains. Il a participé à l'université d'été de l'Action Française en 2013[41] ; en retour, l'AF aide aussi E&R pour l'organisation logistique de certaines conférences. Auteur populaire de Kontre Kulture et adhérente d'E&R, Marion Sigaut se revendique royaliste et mène un travail de réhabilitation de l'Ancien Régime, n'hésitant pas à diaboliser pour cela les Lumières. Idéologie antiparlementaire, basée sur la Tradition, le royalisme avait logiquement tout pour plaire à Soral, dont l'intérêt pour la question – sans qu'il se définisse royaliste pour autant – a mûri progressivement, à mesure qu'il s'est radicalisé et s'est rapproché du conservatisme, voire de la réaction. Il ne faut pas pour autant surévaluer l'importance du royalisme à E&R, qui reste minoritaire mais fait partie des références dont il est de bon ton de se réclamer. À ce titre, il est évident que Charles Maurras, théoricien du « nationalisme intégral » et père de l'Action Française, est l'une des figures majeures dont se revendique Soral.

*

Pour résumer, on peut donc distinguer quatre familles (pas toutes consentantes) dans la nébuleuse E&R, auto-proclamée « *dissidence* », dont les réseaux passent principalement par Internet et qui se caractérisent par une critique politique, économique ou idéologique tous azimuts, venant de traditions philosophiques diverses. Ce sont ces tendances prises ensemble qui fournissent aux sympa-

---

41. Alain Soral à l'université d'été de l'Action Française, 30 août 2013, https://www.youtube.com/watch?v=0gCPx818-Jw.

thisants d'E&R une vision du monde, une « carte intellectuelle » marquée par une défiance radicale vis-à-vis de l'environnement politique. On trouve des passerelles importantes entre ces cercles : ainsi, le survivaliste San Giorgio dialogue avec Imran Hosein, Jean-Marie Le Pen et d'autres sur le déclin économique, spirituel ou politique de la France ; Dieudonné apprécie Ayoub ; l'approche ésotérique de Jovanovic n'est pas si éloignée de l'approche apocalyptique de Pierre Hillard, etc. Ces quatre grands axes sont :

- l'obsession juive, qu'elle se cristallise sur le conspirationnisme, l'antisionisme ou un authentique antisémitisme racial ;

- le bric-à-brac militant, empruntant aussi bien à la droite (conservatisme social) qu'à la gauche (anticapitalisme). L'anticapitalisme est ici largement instrumentalisé par E&R pour compléter sa vision du monde « dissidente », antisystème, les intellectuels auxquels il se réfère étant pour la plupart étrangers au mouvement. Ce qui séduit dans l'anticapitalisme, c'est l'opposition entre les opprimés et les grandes puissances dominatrices de l'Argent, c'est-à-dire un monde où tout est contrôlé par une petite oligarchie avare et sans scrupules qu'il faut renverser ;

- l'activisme identitaire, de type religieux ou bien ethnique – aussi bien des catholiques, des musulmans, des Noirs et des Blancs. Ici encore, la thématique est celle des rapports de domination, du point de vue ethno-religieux : à la lutte des classes s'ajoute la lutte des races ;

- le catastrophisme et le rejet de l'idée de progrès, c'est-à-dire la crainte du futur (survivalisme, eschatologie) et la mythification d'un âge d'or passé (royalisme). La thématique de la domination s'exprime en termes de forces historiques : la menaçante historicité du futur qui vient balayer l'historicité heureuse du passé.

La carte intellectuelle du conspirationnisme moderne emprunte donc à de nombreuses sources, que Soral cristallise et synthétise, notamment à travers ses vidéos « Conseils de lecture », dans lesquelles il présente les livres édités par sa maison d'éditions, Kontre Kulture, ou en participant à des conférences E&R avec des personnes incarnant telle ou telle famille de pensée présentées ci-dessus. De par son charisme et sa capacité à passer dans la même phrase de Marx à Maurras en passant par des théologiens musulmans, il parvient à transcender ces courants et les ramener vers lui, faisant bel et bien de son site E&R une plateforme de premier plan, structurant politiquement la « *dissidence* » auto-proclamée. Celle-ci ne se réduit donc pas à l'antisémitisme : la haine des juifs est une manifestation – monstrueuse – parmi d'autres d'un anti-républicanisme prononcé, d'une rupture avec les représentations collectives qui fondent le vivre-ensemble. De la même manière, le conspirationnisme est un mode de mobilisation politique important, sans doute même central, mais il n'est pas le seul. Tout ce qui peut remettre en cause l'ordre établi et dévoiler les « *mensonges* » du système est bon à prendre et digne d'être intégré au corpus idéologique d'E&R. Mais l'utilisation des sources est sélective : dans chaque doctrine, ce qui est mobilisé relève systématiquement de l'imaginaire de domination et d'oppression d'une minorité contre les masses. Ce qui ne rentre pas dans les cases (l'internationalisme du communisme par exemple) est balayé.

Le fondement idéologique commun aux différentes tendances d'E&R est donc essentiellement négatif : il s'agit de prendre le contre-pied de la vision du monde proposée par les agents « *dominants* », qui est celle du récit républicain. Le rejet des principes républicains prend à la fois la forme de l'antisémitisme, de la complaisance vis-à-vis de l'intégrisme, de la défiance vis-à-vis de l'école publique, de l'exaltation de l'Ancien Régime... C'est tout le pacte républicain que remet en cause E&R. Il n'est donc guère étonnant de lire que le but d'Alain Soral en écrivant *Comprendre l'Empire*, son œuvre principale, est de « *détricoter le roman national* » à partir de la Révolution française[42].

Ainsi, le succès d'E&R tient à deux éléments constitutifs principaux. D'abord, au charisme d'Alain Soral, sa capacité à se mettre en scène et à provoquer. Sa vulgarité passe pour du franc-parler, son outrance pour du courage. Ensuite, au syncrétisme idéologique qu'il propose. Plusieurs sources intellectuelles sont mobilisées, de manière sélective, c'est-à-dire non pas dans leur complexité respective mais en utilisant leur dimension virile, et leur lexique de la défense des opprimés contre les grandes puissances de domination. Ce patchwork fait d'E&R un mouvement attrape-tout efficace, dont

---

42. Alain Soral, *Comprendre l'Empire*, Blanche, 2011, p. 23.

la cohérence interne est principalement négative : elle tient par la figure de l'ennemi commun, le Sioniste, qui infiltre et corrompt les systèmes de valeurs traditionnels (nationalisme, islam, catholicisme, communisme).

CHAPITRE II

Le positionnement politique d'Égalité
& Réconciliation : éléments de définition

Égalité & Réconciliation et le monde politique institutionnel : une défiance de principe mais des liens ambigus avec le Front National

Il nous faut désormais évoquer les liens du mouvement avec le monde politique traditionnel, institutionnel. De quelle façon Soral se place-t-il en opposition avec les partis traditionnels ? Quels débouchés politiques ses idées trouvent-elles, notamment au sein du Front National ? Grand critique de ce qu'il appelle « *la démocratie d'opinion et de marché* », c'est-à-dire de la politique électoraliste démagogique où le vote est réduit à une pratique de consommation comme une autre, Alain Soral prétend situer son combat sur le terrain de la « *métapolitique* », c'est-à-dire sur la bataille des idées plutôt que de la lutte pour le pouvoir. Ses tentatives de faire de la politique, avec le parti Réconciliation Nationale ou la Liste Antisioniste sont avant tout faites pour peser sur le FN et sur le débat public en général plutôt qu'une véritable tentative de prendre le pouvoir. Au moins autant par provocation que par conviction, il affirme d'ailleurs ne pas vouloir entrer en politique – « *sauf si on entre dans une période insurrectionnelle* » – car il trouve « *honteux* » de prendre le pouvoir par les urnes[43].

---

43. Conférence Égalité & Réconciliation, mars 2013, https://www.youtube.com/watch?v=TlnvEH4T6rc.

Le rejet des partis traditionnels

Sans surprise, il rejette violemment les partis de gauche comme de droite, notamment le PS et Les Républicains, partis qui incarnent le consensus libéral-libertaire de « *l'Empire* ». À dire vrai, c'est surtout la gauche qui fait l'objet de ses plus âpres critiques : le Parti socialiste d'abord, mais aussi le Front de Gauche ou le NPA, dont il dénonce les mensonges, l'abandon des classes populaires et du combat social véritable au profit des nouvelles luttes sociales individualistes (droit des sans-papiers, féminisme, etc.). La gauche, ralliée au libéralisme culturel et à l'internationalisme antipatriotique, serait partie intégrante du système de domination économique et politique, simple prolongement du libéralisme économique et du mondialisme cosmopolite patronal de droite. La virulence de ses propos contre Olivier Besancenot (NPA) et Jean-Luc Mélenchon tient en outre assez simplement au fait qu'il voit en eux des concurrents à la fois du Front National, dans sa stratégie de captation des voix des classes populaires, et de lui-même comme icône des jeunes. À cette gauche sociétale et à la droite patronale, il veut substituer sa fameuse « *gauche du travail et droite des valeurs* » (devise d'Égalité & Réconciliation), seule synthèse idéologique capable de vraiment comprendre les classes populaires et de les émanciper. Or, les partis traditionnels incarnant selon lui l'exact opposé (la soumission de classe pour la gauche, l'ultralibéralisme immoral pour la droite), Soral ne saurait se compromettre avec eux, pas plus qu'avec le Parti communiste dont il a pourtant été membre, lui aussi accusé de ne pas défendre la Nation et les travailleurs contre le mondialisme.

En revanche, il montre beaucoup moins de suspicion à l'égard du Front National, avec lequel il entretient une longue histoire ambiguë.

E&R et le Front National

Si Soral n'a été membre de son comité central que pendant deux ans – de 2007 à 2009, sur nomination de Jean-Marie Le Pen –, la relative brièveté de son passage au FN ne doit pas masquer l'importance et la complexité du rapport de E&R à ce parti. Lors de la création d'E&R, la mission était, selon Marc George (cofondateur de l'association avec Alain Soral), de « *promouvoir un patriotisme déringardisé, qui assume pleinement la filiation lepéniste, c'est-à-dire très à droite, judéocritique, patriotique, mais qui soit clairement antiraciste également, et donc qui s'adresse potentiellement à beaucoup de Français qui à l'époque étaient réputés exclus du patriotisme à cause de leur origine* »[44]. En un mot, le but était d'amener des citoyens d'origine maghrébine dans le « *camp national* », au FN. En plus de Marc George, qui vient lui-même du Front National, Philippe Péninque (ancien responsable du GUD à Assas, conseiller plus ou moins officieux de Jean-Marie Le Pen puis de sa fille et sorte de parrain d'Alain Soral au FN) fait partie de ceux qui ont mis en place l'association. Dans le même temps, l'association devait aussi contribuer à faire infléchir le FN vers une ligne ouvriériste, anticapitaliste et antisioniste. Il est d'ailleurs intéressant de constater que dès 2006, un discours de Jean-Marie Le Pen à Valmy inclut un appel aux « *Français d'origine étrangère* » pour « *constituer demain, dans un élan national, cette armée hétéroclite des soldats de Valmy* » pour sauver la France contre le libéralisme, l'immigration et les « *puissances hostiles* »[45]. Ce texte, qui préfigure la ligne d'E&R (amener les « *Français d'origine étrangère au nationalisme* »), Soral revendique l'avoir écrit, et il figure parmi les « *textes essentiels* » d'E&R.

Cela illustre les liens originels entre E&R et le Front National, qui a beaucoup aidé à la création du mouvement d'Alain Soral. Symboliquement, Jean-Marie Le Pen était présent lors de la première université d'été de l'association en septembre 2007. Par la suite, il lui a accordé bienveillance et protection, malgré les critiques internes vis-à-vis de ce mouvement qui venait jouer sur le terrain du FN. E&R travaille alors « *en partenariat avec le FN* »[46], surtout jusqu'en 2008 : cette année-là, alors que Jean-Marie Le Pen est au cœur d'une nouvelle polémique médiatique pour avoir réaffirmé sa déclaration de 1987 selon laquelle les chambres à gaz étaient « *un point de détail* » de la Seconde Guerre mondiale, Soral publie un texte sur le site d'Égalité & Réconciliation dans lequel il défend

---

44. Marc George, interview *Meta TV*, https://www.youtube.com/watch?v=QjnirIBEqtU.

45. Discours de Valmy prononcé par Jean-Marie Le Pen, 20 septembre 2006, http://www.egaliteetreconciliation.fr/Discours-de-Valmy-2974.html.

46. Marc George, interview *Meta TV*, https://www.youtube.com/watch?v=QjnirIBEqtU.

Le Pen mais présente sa phrase sur le « *point de détail* » comme « *les lubies d'un vieil homme* »[47]. C'est cette formulation, selon Marc George, qui coûtera à Soral la nomination en tête de liste du Front National en Île-de-France aux élections européennes de 2009, pour lesquelles Soral participera finalement à la Liste Antisioniste de Dieudonné. Il quitte le FN la même année.

Même si cette affaire a pour effet d'isoler quelque peu Soral au FN, il reste aujourd'hui encore proche de Jean-Marie Le Pen et de Frédéric Chatillon (qui a accompagné Soral et Dieudonné lors d'un voyage au Liban en 2006). Pourtant, Soral ne fait pas l'unanimité au sein du Front National. Marion Maréchal-Le Pen et Louis Aliot, en particulier, sont idéologiquement plus inquiets de la place de l'islam en France que de celle du sionisme et voient l'antisémitisme de Soral ou de Jean-Marie Le Pen comme un obstacle à la marche du FN vers le pouvoir. La ligne E&R apparaît pour ces nouveaux cadres du parti comme incompatible avec la prise de pouvoir. D'ailleurs, le politologue Jean-Yves Camus affirme que d'un point de vue strictement électoral, l'antisémitisme existe mais n'a jamais été une motivation forte des militants frontistes, dont « *les préoccupations essentielles sont le rejet de la classe politique, la sécurité, l'immigration et l'islam* »[48]. Marine Le Pen a, elle aussi, bien compris que soutenir E&R n'était pas dans son intérêt politique. Soral a d'ailleurs estimé, dans un texte intitulé *Marine m'a tuer*, que « *chaque fois que quelque chose se passe mal au FN depuis deux ans, chaque fois qu'un conflit l'affaiblit, qu'un départ contribue un peu plus à détruire ce qui fut un authentique mouvement d'opposition nationale, la réponse c'est : Marine...* »[49]. C'est lors de l'offensive israélienne sur Gaza à l'été 2014 que Soral coupe plus franchement les ponts avec le FN et envisage de créer son propre parti, Réconciliation Nationale, pour protester contre ce qu'il appelle « *la doctrine Chauprade* ». Récemment élu député européen FN, Aymeric Chauprade avait publié un texte

---

47. Alain Soral, « Pour le droit au blasphème », Égalité & Réconciliation, 30 avril 2008, http://www.egaliteetreconciliation.fr/Pour-le-droit-au-blaspheme-par-Alain-Soral-952.html.

48. Jean-Yves Camus, « Front National », *Dictionnaire du judaïsme français depuis 1944*, Armand Colin, 2013.

49. Alain Soral, « Marine m'a tuer ! », *Égalité & Réconciliation*, 1er février 2009, http://www.egaliteetreconciliation.fr/Marine-m-a-tuer-2084.html.

sur son site personnel appelant à l'alliance du monde occidental et judéo-chrétien pour faire bloc face à l'islamisme[50]. La ligne géopolitique défendue par Chauprade avait été interprétée par Soral comme le signe du ralliement du FN « *à la théorie du choc des civilisations* » et justifiait donc la création d'un véritable parti politique, totalement indépendant du FN. Le tournant mariniste du FN marque une certaine prise de distance de Soral envers le parti – et réciproquement – du moins publiquement.

Néanmoins, les dissensions internes au Front National sur le cas d'Alain Soral, tout comme sa propre ambiguïté vis-à-vis de ce parti, nous révèlent toute la complexité de l'évolution actuelle du Front National. Plus que jamais, il faut abandonner les visions monolithiques des partis politiques. En effet, tout parti est une coalition de tendances différentes, qui sont parfois en tension. Ce n'est pas spécifique au FN : le Parti socialiste, où cohabitent entre autres sociaux-démocrates, progressistes et socialistes, ou Les Républicains, rassemblement de libéraux, de conservateurs, de gaullistes, en sont de bons exemples. Les clivages internes quant à la construction européenne à gauche comme à droite achèvent de diviser les partis de l'intérieur. En ce qui concerne le Front National, la révérence culturelle envers la figure du chef et l'interdiction des courants officiels au sein du parti n'empêchent pas l'existence de sensibilités différentes. Pour simplifier, on peut schématiquement constater l'existence d'un courant conservateur, anti-islam et plutôt libéral (le fameux « Front National du Sud », libéral-conservateur), et un courant social, volontiers étatiste (le Front National du Nord, impulsé par Florian Philippot). Enfin s'ajoute le courant antisioniste, qui peut être libéral (Bruno Gollnisch) ou étatiste (ligne E&R). Alain Soral explique lui-même son départ du FN par son échec à convertir Marine Le Pen à ses théories antisionistes, bien qu'il soit toutefois parvenu à lui faire adopter une ligne économique ouvriériste et étatiste.

Si un parti peut être défini comme une coalition de tendances qui se retrouvent autour d'un programme, fût-ce au prix de quelques

---

50. Aymeric Chauprade, « La France face à la question islamique : les choix crédibles pour un avenir français », Blog RealPolitik, 11 août 2014, http://blog.realpolitik.tv/2014/08/la-france-face-a-la-question-islamique-les-choix-credibles-pour-un-avenir-francais/.

concessions, alors tout le travail d'un chef de parti consiste à faire la synthèse de ces tendances et à en faire des forces mobilisatrices auprès d'individus et de groupes extérieurs au parti, notamment en vue d'élections. Le départ d'Alain Soral du Front National en 2009 n'est pourtant pas forcément le signe ni d'un échec du FN à capter la sensibilité E&R, ni à l'inverse d'une « dédiabolisation » réussie. En réalité, l'action politique de Soral avec Égalité & Réconciliation remplit une double fonction qui bénéficie politiquement, *in fine*, au Front National, sur lequel il essaie de « *peser de l'extérieur* »[51].

D'abord, cela permet à Marine Le Pen, élue à la succession de son père en 2011 à la tête du FN, de se démarquer des positions antisémites d'Alain Soral. Cela s'inscrit dans la dynamique de normalisation et de quête de respectabilité impulsée par Marine Le Pen[52]. Avoir un personnage aussi sulfureux qu'Alain Soral à l'extérieur plutôt qu'à l'intérieur permet d'éviter les critiques et de nier le soupçon d'anti-républicanisme, mais cela n'empêche pas de profiter de sa force militante : à l'été 2014, pendant la campagne des élections européennes, Soral révélait qu'Aymeric Chauprade lui avait demandé de tracter pour lui en Seine-Saint-Denis, où E&R bénéficie d'une certaine popularité mais où le Front National n'arrive pas à s'implanter. Soral avait accepté avant de dénoncer l'évolution idéologique de Chauprade vers une ligne plus pro-israélienne. Il demeure que cela témoigne de la proximité militante, malgré des tensions ponctuelles, entre le FN et E&R, au-delà de la distance affichée publiquement d'un côté comme de l'autre.

Ensuite, grâce à cette stratégie, les jeunes de banlieue d'origine immigrée auxquels Soral s'adresse, globalement de culture musulmane, se tournent vers des idées provenant d'une extrême droite

---

51. Alain Soral, interview *Medias-Presse-Info*, 2 décembre 2014, http://www.egaliteetreconciliation.fr/Alain-Soral-Il-faut-refaire-du-catholicisme-la-religion-d-État-en-France-29458.html.

52. Le Front National préfère parler de « dédiabolisation ». Ce terme, largement repris dans les médias, doit toutefois être pris avec précaution : d'un point de vue sémantique, il signifie le fait de se débarrasser d'une réputation diabolique, une réputation exagérée, mensongère ou diffamatoire. Le terme de dédiabolisation est donc déjà chargé symboliquement puisqu'il implique que le supposé rejet du FN par les médias est un acharnement sans fondement.

de culture plutôt catholique et blanche, auxquelles ils ne seraient pas venus spontanément. E&R cherche ainsi à « *s'adresser à des gens qui n'ont rien à voir avec le FN* » et auxquels « *le FN ne pouvait pas s'adresser* » et les « *convaincre* » que ce parti peut représenter leurs intérêts[53]. Pour faire venir les classes populaires d'origine immigrée au FN, Soral cherche également à décrédibiliser les partis de gauche qui pourraient les attirer plus spontanément ; le fait qu'il ne soit plus membre du FN lui donne une plus grande légitimité pour le faire puisqu'on ne peut alors l'accuser de faire de la politique politicienne. En plus d'offrir un espace à l'extérieur du FN à des gens séduits par ses idées mais hésitants à le rejoindre, E&R évite en outre aux militants du FN de cohabiter avec des personnes d'origine immigrée avec qui le contact ne serait pas forcément facile[54]. Soral dirige ainsi une association de plusieurs milliers d'adhérents (entre 5000 et 10 000[55]) qui représentent une force militante importante, tout en n'entrant pas dans les jeux politiciens d'appareil, et qui lui permet « *d'accomplir à Égalité & Réconciliation ce [qu'il n'a] pu faire au Front* »[56], à savoir mettre en place une ligne à la fois nationale et sociale, et peut-être d'influencer le FN dans cette direction.

Ainsi, il est clair que si Soral a quitté le Front National, il continue d'entretenir d'étroits rapports politiques avec lui ; E&R est « *indépendant mais partenaire* » du FN, selon les mots de Marc George[57]. Il a d'ailleurs évoqué à plusieurs reprises le fait que le FN était le parti le mieux placé pour porter les intérêts du peuple français et le « *moins sioniste* » parmi toute l'offre politique, appelant donc à voter pour lui. Que cette stratégie d'E&R en faveur du FN soit l'objet d'une répartition des tâches concertée avec ses dirigeants

---

53. Marc George, interview *Meta TV*, https://www.youtube.com/watch?v=QjnirIBEqtU.

54. Pour l'anecdote, Soral avait dû renoncer à faire du *Local* de Serge Ayoub le QG d'E&R car les tensions entre les militants d'E&R et les skinheads devenaient trop importantes.

55. Selon Mathieu Mollard et Robin d'Angelo, *Le système Soral*, StreetPress, 2015.

56. Alain Soral, « Marine m'a tuer ! », *Égalité & Réconciliation*, 1er février 2009, http://www.egaliteetreconciliation.fr/Marine-m-a-tuer-2084.html.

57. Marc George, interview *Meta TV*, https://www.youtube.com/watch?v=QjnirIBEqtU.

est néanmoins difficilement crédible, surtout depuis que Marine Le Pen est présidente, elle qui n'a jamais particulièrement ménagé Soral. Il s'agit donc plutôt d'une coïncidence d'intérêts dont Marine Le Pen bénéficie sans l'avoir cherché. Florian Philippot, dont les interventions médiatiques sont régulièrement relayées sur E&R, est dans une posture plus floue. Bien qu'il s'en défende en public, il n'hésite pas à soigner la communauté d'E&R par petites touches, afin de contrebalancer l'attitude de défiance de Marine Le Pen envers Soral. Par exemple, lors d'un débat avec Manuel Valls, alors ministre de l'Intérieur, le vice-président du Front National déclare souhaiter que les étrangers naturalisés français soient « *fiers de la France, éternellement attachés à la France, quand même* »[58]. Cette citation, où l'accent est mis sur le « *quand même* », paraphrase une intervention de M. Valls à *Radio Judaïca* en juin 2011, qui a tourné en boucle dans les sphères antisémites, dans laquelle il déclare son attachement « *éternel à la communauté juive et à Israël, quand même* ». Ce genre de clin d'œil de la part de Philippot, évidemment très apprécié du côté d'E&R, illustre toute l'ambiguïté des rapports de certains membres du FN avec E&R : il n'existe pas de soutien officiel ni public, mais des appels du pied de part et d'autre permettent de maintenir les liens. Il est ici question de stratégie politique plus que de convictions profondes : si Soral et Philippot font la même analyse de l'économie, aucun élément ne montre en revanche que ce dernier partage l'antisémitisme d'Alain Soral. On sait en outre que Philippot ne partage pas l'analyse de Soral sur la « *féminisation de la société* », qu'il trouve « *réactionnaire* ». Il n'en demeure pas moins que des divergences de fond n'empêchent pas une proximité politique et militante de circonstance entre certains courants du FN et E&R, une proximité qui avait facilité le développement d'E&R lors de son lancement et qui se poursuit sur certains terrains d'entente malgré les évolutions du FN que Soral réprouve. Les questions du sionisme et de l'islam mises à part, il y a plusieurs domaines de convergence, qui sont les fondamentaux de l'extrême droite contemporaine : le rejet de l'immigration de masse, la critique du mondialisme, la remise en cause du clivage gauche-droite, le nationalisme comme réponse à la crise politique et économique

---

58. Hicham Hamza, « La vidéo que Manuel Valls tente de faire disparaître », *Égalité & Réconciliation*, 14 décembre 2012, http://www.egaliteetreconciliation.fr/La-video-que-Manuel-Valls-tente-de-faire-disparaitre-15415.html.

et le soutien apporté à des États forts comme la Russie de Vladimir Poutine.

Ces valeurs communes expliquent la porosité naturelle entre le FN et E&R. Toutefois, la défiance d'E&R envers le « *Système* » est telle que même le FN n'échappe pas toujours à sa vindicte, notamment du fait de son évolution considérée comme « *pro-sioniste* » et antimusulmane ces dernières années. C'est la tendance à la radicalisation – dans le sens de la rupture avec le FN et avec le système partisan en général – qui domine : pour préserver l'authenticité et la crédibilité du positionnement antisystème d'E&R, la ligne du mouvement peut difficilement se compromettre avec le système électoral et celui qui se présente comme le premier parti de France.

Proposition de définition : la « politique de rupture »

À ce stade, nous avons mieux cerné les dynamiques politiques d'E&R comme organisation militante. Il convient à présent de définir explicitement son idéologie, ce qu'elle est et ce qu'elle n'est pas.

Une telle entreprise se heurte à de nombreuses difficultés. D'abord, E&R se garde bien d'être une force de propositions politiques concrètes – par peur de tomber sous le coup de la loi pour incitation à la haine raciale ? –, ce qui n'aide pas à la classer en tant que mouvement politique. Dans le même ordre d'idées, comme la plupart des organisations d'extrême droite, elle refuse les étiquettes qu'on lui attribue. Pour des raisons politiques – mais aussi juridiques : E&R rejette les qualifications de « fasciste », « antisémite », « conspirationniste », et s'auto-définit comme une association « *nationaliste de gauche* », ce qui marque sa volonté de refuser les catégories politiques traditionnelles (droite/gauche) mais n'en dit pas beaucoup sur son idéologie. Ensuite, le fait que sa force militante passe par Internet et non par l'action réelle en fait un objet politique d'une certaine manière inédit dans l'Histoire. Internet lui permet en outre de rassembler des adhérents d'horizons sociologiques et culturels très différents et parfois éloignés : anciens communistes, nationalistes, jeunes de banlieue d'origine maghrébine, etc. Une telle diversité – que Soral compare parfois à l'armée de Spartacus – pose problème pour s'inscrire dans une tradition politique unique. C'est d'ailleurs pour séduire l'ensemble de ses tendances que E&R est un mouvement attrape-tout, utilisant des références très diverses ainsi que nous l'avons montré. Ce caractère hétéroclite contribue à complexifier l'entreprise de définition.

Enfin, et ce n'est pas la moindre des raisons, E&R n'échappe pas, comme les autres mouvements du XXIe siècle, à la crise des idéologies et au scepticisme post-moderne vis-à-vis de celles-ci. Alain Soral est un provocateur qui prend plaisir à manier le sulfureux, ultime difficulté pour discerner le vrai du faux, la conviction de la provocation. Les références de Soral sont mouvantes et il est parfois difficile de distinguer la provocation des convictions. Il en va ainsi de son rapport à la République : il déclare pencher de plus en plus vers le monarchisme, bien que ce ne soit pas sa culture politique, et promeut régulièrement les ouvrages de Marion Sigault exaltant l'Ancien Régime. En même temps, c'est au nom des principes républicains qu'il prétend dénoncer le communautarisme juif. L'opposition au « *Système* » compte plus que la cohérence intellectuelle car il s'agit de dénoncer le Mal absolu dans le Système sioniste, qu'il associe au diable : « *Satan, c'est, de façon réelle ou métaphorique, l'inversion des valeurs. C'est le mal systématique, le mensonge systématique.* »[59] La diabolisation du système, son rejet absolu est ainsi le principe structurant du positionnement politique d'Alain Soral.

L'art de l'éclectisme et le goût de la provocation éloignent de toute façon Soral du rang des théoriciens. Mais il faut pourtant bien commencer par faire l'effort de prendre au sérieux ce que dit de lui-même le leader d'E&R. Ouvertement nationaliste, mais toujours anticapitaliste, Alain Soral dit, en réponse à une question sur les classifications politiques dont il est l'objet :

« *L'extrême droite, au moins depuis 1945 et plus encore depuis Mai 68, est une invention du gauchisme, sous sponsoring atlantiste, soit de la droite d'affaires [ce que j'appelle la Banque] pour cacher que le national-socialisme était socialement de gauche... Ça aussi, c'est une des*

---

59. https://www.youtube.com/watch?v=EJnNxt2kC_U (5:42).

clefs de compréhension de tout ce qui se joue depuis la fin de la Seconde Guerre mondiale... En tant que national-socialiste français, ça m'agace d'être rangé à l'extrême droite, qualificatif qui désigne pour moi les néo-conservateurs, les impérialistes américano-sionistes et le pouvoir bancaire international... Donc, ma réponse, c'est que je ne suis pas d'extrême droite, je suis national-socialiste, mais tu peux considérer que c'est pire ! J'ajouterai, pour que tu ne me prennes pas juste pour un provocateur, un national-socialiste français : sans besoin de recours à une théorie raciale pour des raisons d'espace vital, ce qui correspondait à la situation alle-mande. L'idéologie découlant souvent de la géographie !, je suis natio-nal-socialiste à la manière d'Hugo Chávez soit, compte tenu du contexte actuel de domination par le mondialisme militaro-bancaire, un authen-tique homme de gauche ! Comprenne qui voudra »[60]...

Un tel refus de se situer sur l'échiquier politique traditionnel mé-rite d'être pris au sérieux, mais c'est le propre des extrêmes droites de refuser cette étiquette. Sur la question du « *national-socialisme* », Soral joue bien entendu avec les sous-entendus d'éventuels liens avec le nazisme. Il réfute cette étiquette de nazi puisqu'un national-socialiste (« *français* », précise-t-il) ne serait qu'un « *socialiste* » défendant la Nation au nom de la lutte contre le Grand Capital. Une manière de provoquer autant que de réhabiliter le nazisme allemand, dont la différence avec le nationalisme-socialisme dont il se revendique réside dans la théorie raciale, mais qui s'explique tout simplement par « *la géographie* »... Toute politique socialiste au nom de la Nation, comme celle d'Hugo Chávez, serait « *natio-nal-socialiste* », celle d'Hitler n'en étant qu'une parmi d'autres. Soral extirpe ainsi la définition du national-socialisme de ses conditions d'apparition historique ; or il faut précisément repartir de l'idéolo-gie nazie et fasciste pour la comparer avec la pensée de Soral.

Dépassement du clivage gauche/droite, nationalisme, admiration pour les États et dirigeants autoritaires, incarnation du mouvement par un chef charismatique, goût pour l'idée de révolution, fond an-tisémite... Les critères de Zeev Sternhell, historien spécialiste des mouvements nationalistes, pour définir le fascisme correspondent

---

60. Alain Soral, entretien avec Eric Naulleau, *Dialogues désaccordés*, Blanche, 2013.

assez au positionnement d'E&R[61]. Néanmoins, il y manque un élément fondamental, au-delà même des différences de contexte historique : la dimension anthropologique. Le fascisme cherche à créer un « homme nouveau », coupé de ses attaches traditionnelles, tout entier destiné à construire la nouvelle société au nom de sa race. Chez E&R comme pour la plupart des partis d'extrême droite (passés et présents), on ne trouve aucune trace de cet anthropologisme révolutionnaire. En outre, si de nombreux points communs demeurent entre le nazisme et l'idéologie de Soral, c'est parce que les régimes nazi et fascistes appartiennent comme E&R au champ des extrêmes droites, mais ne s'y confondent pas. On peut donc l'établir : que Soral se qualifie de « *national-socialiste* » n'en fait pas un nazi pour autant, au sens rigoureux du terme, car au-delà même de ses propres justifications, la comparaison n'est pas pertinente. L'emploi du terme national-socialiste, qu'il applique aussi bien à lui-même qu'à Chavez et Hitler, est trop imprécis pour être pris pour autre chose que de la provocation, comme il le confirmera d'ailleurs dans une interview postérieure aux *Dialogues désaccordés*[62]. Quant au terme de fasciste, le même sort doit lui être réservé : qualifier Soral de « *fasciste* »[63] est un instrument de disqualification commode mais imprécis, infructueux historiquement. Utiliser ce terme de façon trop vague finit par lui faire perdre en historicité.

Comment, alors, surmonter ces difficultés de définition ? Faut-il renoncer à catégoriser un tel mouvement, et conclure qu'il n'est ni purement fasciste, ni purement nationaliste, ni purement identitaire, et qu'il tire sa force de sa capacité à puiser dans plusieurs sources idéologiques sans s'arrêter à l'une d'elles ? Un seul qualificatif ne saurait résumer la philosophie d'Alain Soral et d'E&R, qui est hétéroclite à défaut d'être complexe. C'est pourquoi nous proposons ici une nouvelle notion pour définir politiquement l'action de ce mouvement et de ceux qui en sont proches : cette notion, c'est

---

61. Zeev Sternhell, *Ni droite ni gauche : l'idéologie fasciste en France*, Fayard, 1983.

62. Interview (non-diffusée) pour « Envoyé Spécial » en octobre 2015, http://www.egaliteetreconciliation.fr/Envoye-Special-Est-il-dangereux-de-porter-une-kippa-dans-la-rue-en-France-35573.html.

63. Comme le fait par exemple le journaliste Frédéric Haziza dans *Vol au-dessus d'un nid de fachos. Dieudonné, Soral, Ayoub et les autres*, 2014.

la politique de rupture. Elle consiste à se placer systématiquement en marge, en « rupture » du système politique, médiatique, économique et intellectuel, c'est-à-dire non pas en dehors mais à sa périphérie, pour le dénoncer dans toutes ses dimensions possibles, dans l'espoir lointain d'en prendre le contrôle ou d'agir sur lui. On a montré plus haut l'importance que revêtent le survivalisme et le conspirationnisme dans le mouvement E&R : le concept de politique de rupture le souligne bien, puisque le survivalisme et le conspirationnisme sont deux façons (l'une matérielle par le retour à la nature, l'autre symbolique par le biais cognitif qu'il implique) de se retirer de la société pour créer une contre-culture, une nouvelle contre-société. La politique de rupture se définit par les critères suivants, qui s'appliquent tous à E&R :

- la définition de nouveaux codes culturels, d'un nouvel univers mental et de pratiques sociales qui font des marges un espace actif de politisation alternative : une contre-société culturelle et politique, en somme. C'est sur ce point qu'il faudra revenir en détail par la suite ;

- le rejet total des élites économiques et politiques et des règles du jeu démocratique ;

- le choix des médias de diffusion de l'idéologie (Internet par opposition aux médias traditionnels) ;

- l'absolutisme du doute, autrement dit le conspirationnisme (remise en cause systématique par principe des « versions officielles » et des idéaux sur lesquels se fondent la cohésion sociale : droits de l'homme, héritage de la révolution française, République, etc.) ;

- l'utilisation de thèmes et repères dissonants par rapport au débat public (par exemple, le rôle surdéterminant du sionisme), débouchant sur une idéologie fourre-tout voire contradictoire ;

- la stratégie de victimisation identitaire (les Blancs beaufisés, les Musulmans discriminés), qui sous-tend le sentiment de ne plus être chez soi ou pas à sa place ;

- les sentiments de défiance et de haine communautaire que les critères ci-dessus induisent. C'est la stratégie du bouc émissaire, qui soude le groupe et fixe la figure de l'ennemi et du Mal.

La politique de rupture établit une frontière entre la marge et le centre, entre les initiés et les endoctrinés, entre juifs et non-juifs, peuple et élites, groupe identitaire et autres groupes identitaires,

décence commune et dépravation morale, masculinité et féminité...
La seule frontière que le « rupturiste » s'autorise à franchir est celle
de la « bien-pensance », dont il a besoin pour placer son discours
sur le registre de la transgression. L'imaginaire du complot est alors
central dans un tel discours puisque le comploteur est celui qui vient
brouiller les frontières : il rend la débauche acceptable, soumet le
peuple aux tentations bourgeoises, dé-virilise les hommes... Il est
l'ennemi principal du rupturiste, qui crée son identité politique
par la division du monde en frontières très nettes. Le Juif est, à ce
titre, une figure privilégiée de la politique de rupture. Il est en effet
l'Autre qui se présente comme semblable ; intrinsèquement diffé-
rent, sa différence n'est pourtant pas affichée de façon ostentatoire.
Pour le conspirationniste rupturiste, le Juif est la personnification
parfaite du Complot : il nous cache ce qu'il est vraiment, comme les
politiques cachent le vrai sens de leur action.

Parler de politique de rupture pour désigner E&R permet également de mieux cerner notre objet d'étude, en soulignant ce qui
distingue la « théorie du complot » du « conspirationnisme ». La
confusion entre les deux est parfois entretenue pour décrédibiliser
une proposition politique en la rangeant au rayon de la science-fic-
tion. Qu'est-ce qui distingue, en toute rigueur, une simple « théorie
du complot » du conspirationnisme ? Les théories du complot ont
de multiples formes et comportent des objectifs politiques différents, quand elles ne mettent pas tout simplement le doigt sur un
complot « réel » (financement américain des Contras au Nicara-
gua, ou même attentats d'Al-Qaeda contre les *Twin Towers* le 11
septembre 2001 qui sont, effectivement, un « complot » d'Al-Qaeda contre les États-Unis). Les théories du complot peuvent éma-
ner du pouvoir politique lui-même : ainsi en est-il des procès de
Moscou et du maccarthysme, théories – symétriques – du complot
impérialiste dans un cas et communiste dans l'autre ; dénoncer un
prétendu complot sert alors à conforter le pouvoir en place en dési-
gnant un ennemi de l'intérieur. Le conspirationnisme, à l'inverse,
est une vision du monde qui fait système et qui se caractérise par
une opposition proprement politique au système en place, accusé
d'être « autre » que ce qu'il prétend incarner, de servir les intérêts
non avoués d'une petite minorité contre ceux d'un peuple pur et
fantasmé. La théorie du complot s'analyse au niveau linguistique

(son schéma narratif inclut l'intentionnalité secrète des acteurs), ce qui ne permet pas de hiérarchiser les différents discours conspirationnistes ; peut-on mettre sur le même plan politique un discours émettant des doutes sur le sort d'un avion perdu en mer[64] et un autre faisant des loges maçonniques des lieux de prises de décisions influant sur le sort de l'humanité ? Il est évident que ces deux extrêmes ne sauraient relever de la même logique politique – inexistante ou presque dans le premier cas, fortement structurante dans le second. La distinction est d'autant plus importante que, faut-il le rappeler, de vrais complots existent. Citons par exemple l'action désormais avérée de la CIA derrière certains coups d'État en Amérique latine au XXe siècle. Et que sont les attentats du 11-septembre si ce n'est un « complot » d'une organisation terroriste, Al-Qaeda, contre les États-Unis ? Ainsi, toute « théorie du complot » ne procède pas d'une logique conspirationniste dans la mesure où elle ne débouche pas forcément sur une vision du monde particulière, basée sur une cause explicative unique et donnant lieu à une politique de rupture. Il s'agit bien d'une « politique » de rupture : on ne saurait réduire le conspirationnisme à sa dimension psychologique.

Ajoutons que la politique de rupture est mobilisée par bien d'autres groupes qu'E&R. Outre l'antisémitisme conspirationniste de Soral, elle pourrait se retrouver dans le mouvement skinhead, dans certaines filières islamistes et djihadistes occidentales, ou encore dans certains reliquats de l'activisme d'extrême gauche. Tous ces mouvements radicaux sont dans une stratégie d'auto-marginalisation ; ils fantasment une contre-société tout en voulant agir sur la société présente.

Politique de rupture et contre-société

Expression d'une volonté de se retirer du monde tout en voulant agir sur lui, la politique de rupture d'E&R débouche sur une contre-société fermée, en autarcie symbolique ou réelle. C'est bien une nouvelle facette de l'extrême droite qui émerge, avec ses nou-

---

64. Isabelle Raynaud, « Vol MH370 : les théories d'un journaliste britannique adepte des polémiques », 19 mai 2014, http://www.conspiracywatch.info/Vol-MH370-les-theories-d-un-journaliste-britannique-adepte-des-polemiques_a1232.html.

veaux publics et ses nouvelles représentations et pratiques cultu-relles. Alors qu'E&R a organisé tout un écosystème participant de cette contre-société, Dieudonné contribue aussi grandement à défi-nir ses codes, ce qui souligne une nouvelle fois la complémentarité de Soral et Dieudonné. Les deux hommes l'annoncent assez claire-ment : pour Soral, le but d'E&R est de « *participer à un projet col-lectif, définir un espoir, tenter malgré tout d'être vivants et heureux* »[65] quand Dieudonné affirme, en référence à ceux qui l'accusent d'anti-sémitisme, qu'« *On ne peut plus vivre ensemble, avec toute cette clique. Ils nous sont trop hostiles. On va vivre à côté, c'est tout [...]. Grâce à Internet, on peut vivre sans communiquer avec eux [...]. Il faut qu'on crée notre propre économie.* »[66]

Comment cette volonté d'autonomie, d'auto-marginalisation prend-elle forme ? Elle s'incarne avant tout dans l'écosystème économique mis en place autour d'E&R. Cinq petites entre-prises sont reliées juridiquement et contribuent à son économie : Kontre Kulture (maison d'éditions), Bras d'Honneur (produc-tion musicale), Au Bon Sens (produits d'agriculture biologique), Prenons le Maquis (qui organise des stages de « survie » dans la nature et vend du matériel de randonnée), et Sanguis Terrae (vins et spiritueux). On le voit, ces trois dernières entreprises jouent la carte de l'enracinement, du retour à la nature, à l'authen-ticité des terroirs et des produits naturels, dans la continuité du discours idéologique d'E&R et de Soral. Quant à Kontre Kulture et Bras d'Honneur, ils diffusent de la littérature et de la musique « dissidente ». À Kontre Kulture, les grands classiques de l'anti-sémitisme moderne (dont *La France Juive* de Drumont) côtoient les ouvrages d'auteurs contemporains (par exemple, les livres de Marion Sigaut sur le prestige de l'Ancien Régime et les mensonges des Lumières). Le but est de mener la contre-offensive intellec-tuelle. Comme Soral le revendique :

« *Sur chaque sujet, chaque fois que je ne me suis pas posé de questions suffisamment précises, que je n'avais pas mis en question ce sujet-là, je me*

---

65. Alain Soral, « Quelle alternative au monde bourgeois ? », *Égalité & Réconciliation*, 8 septembre 2007, http://www.egaliteetreconciliation.fr/Quelle-alternative-au-monde-bourgeois-2980.html.

66. Dieudonné, « Dieudonné répond à Elie Semoun ! », 31 octobre 2014, https://www.youtube.com/watch?v=gPTRa7u6BXE (7:55).

faisais dominer par l'idéologie dominante [...]. Il faut se poser des questions sur tous les sujets [...], il y a du mensonge relatif à tous les sujets. »[67]

Le mensonge est partout, et Kontre Kulture est là pour rétablir la vérité, sur tous les sujets, « *pour contrer la culture officielle* »[68]. À la contre-offensive intellectuelle s'ajoute la contre-offensive culturelle avec Bras d'Honneur, qui produit de nouveaux artistes, notamment des rappeurs aux textes engagés et proches de la pensée de Soral, comme Ousman et sa chanson froidement intitulée *Suceurs de Sionistes*. C'est une industrie mise au service du projet idéologique : Mathias Cardet, le gérant de Bras d'Honneur (et auteur d'ouvrages sur le rap, édités par Kontre Kulture), justifiait ainsi la création de cette plate-forme musicale : « *On veut dire aux jeunes : "Dématrixez-vous !"* »[69] Cette culture alternative incite à se défaire de l'imaginaire et des représentations collectives et à leur substituer une nouvelle « *carte cognitive* ».

Mais la sortie de la « *matrice cognitive* » passe aussi par les médias de la « *ré-information* ». E&R est un journal « *dissident* » qui sélectionne les informations et les oriente à des fins idéologiques, là où les journaux traditionnels sont censés être acquis à la cause du pouvoir. Ainsi, à E&R, « *on ne parle pas aux médias, on a les nôtres* ». C'est un univers cognitif et culturel parallèle qui se crée en opposition au système. Les espaces de débat sont réinventés à travers ces nouveaux médias : le forum du site egaliteetreconciliation.fr est réservé aux adhérents. Les références culturelles sont les mêmes : Dieudonné en est la figure centrale. Son geste de la « quenelle » est le signe de reconnaissance de toute la communauté, l'ananas[70] un symbole de ralliement. Les dessins et caricatures anti-juifs de Joe le Corbeau et Zéon créent également des

---

67. Alain Soral, rencontre-dédicace des auteurs de Kontre Kulture à Nantes, organisée par E&R Nantes, 20 décembre 2014, http://www.egaliteetreconciliation.fr/Rencontre-dedicace-avec-les-auteurs-de-Kontre-Kulture-30028.html.

68. *Ibid.*

69. « Alain Soral, Mathias Cardet et Stéphane Perone présentent la plateforme Bras d'honneur », https://www.youtube.com/watch?v=ad3tcw3XKG8.

70. En référence à une chanson de Dieudonné, *Chaud-ananas (Shoah-nanas)*, chantée sur l'air de *Chaud cacao* d'Annie Cordy.

représentations culturelles propres. Le complot, enfin, structure leur imaginaire politique.

C'est donc toute une contre-société qui se crée, rassemblant des citoyens en rupture avec le système politique. E&R recrée du lien social et un sentiment de communauté chez des gens qui en manquent cruellement. L'association organise un réseau de solidarité entre adhérents : sur le forum, ces derniers postent des petites annonces, demandent des coups de main, se donnent des conseils sur la vie quotidienne... Tout est fait pour que la société rupturiste soit auto-suffisante. Soral évoque régulièrement l'idée d'ouvrir des bars et des restaurants réservés à ses sympathisants et même de lancer sa propre monnaie (sur le modèle du Bitcoin) pour ne plus avoir à faire avec les circuits financiers « officiels » ! De son côté, Dieudonné a lancé une assurance (« *l'ananassurance* ») aux contours flous, sorte de fonds d'investissement censé « *développer une économie alternative, participative et émancipatrice dans divers domaines qui changeront fondamentalement la société, étape par étape et de manière pacifique* »[71]. Quoi qu'il en soit, fin 2015, plus de cent mille personnes[72] avaient déjà indiqué vouloir y souscrire en soutien à l'humoriste.

Ces tentatives de resocialisation des adhérents d'E&R ne font bien sûr qu'éloigner encore un peu plus ces derniers de la réalité de la politique (c'est le but affiché), et génèrent un cercle vicieux de marginalisation par rapport au système, selon un modèle assez peu éloigné de celui d'une secte, le but de ces projets étant à terme de devenir indépendant du système, notamment bancaire (domaine important du fait du supposé contrôle juif sur la banque...). Il n'est pas exagéré de dire que l'on assisterait, si ces projets aboutissaient, à la formation d'une véritable contre-société. Celle-ci, on l'a vu, se baserait sur ses propres mythes (le complot), ses canaux d'information (les médias alternatifs sur Internet), ses symboles (la quenelle, l'ananas), ses pratiques culturelles (la littérature et la musique « *dissidente* », les spectacles de Dieudonné...) et sociales (le retour à la nature par exemple). Ainsi, le fait que le discours rupturiste d'E&R

---

71. Quenel+, « L'ananassurance est-elle une arnaque ? », 5 mars 2015, http://quenelplus.com/a-la-une/lananassurance-est-elle-une-arnaque.html.

72. http://petifion.dieudosphere.com/.

débouche sur une contre-société encore en formation rappelle que discours et réalité ne doivent pas être opposés mais s'entendent dialectiquement, car l'imaginaire social et collectif contribue à produire et instituer les sociétés. Il s'agit bien ici d'une rupture politique, symbolique et idéologique avec les organes institutionnels et représentatifs de la société.

CHAPITRE III

La rupture inaboutie : les paradoxes
d'une pensée anti-moderne dans la Modernité

Le conspirationnisme de Soral a beau s'inscrire dans une stratégie de rupture par rapport au système politique, est-il pour autant si éloigné que cela des principes de la Modernité politique ? Il s'agit ici d'effectuer un travail parfaitement contre-intuitif à première vue, qui consiste à replacer l'imaginaire conspirationniste dans la trajectoire de la Modernité. L'imaginaire conspirationniste repose sur un ensemble de « mythes » politiques qui, *a priori*, l'éloignent de la Modernité et s'y opposent même. Et pourtant, ces mythes procèdent de la Modernité auxquels ils prétendent échapper : avec la « sortie de la religion » caractéristique de l'ère moderne, nous assistons à l'effondrement des institutions détentrices d'une autorité en charge de réguler ce qui est « croyable ». La sortie de la religion ouvre la porte à l'explosion des crédulités, y compris la croyance mythique, cette « *vigoureuse protestation contre l'absence de sens* » dont parle Lévi-Strauss.

Le conspirationnisme de Soral s'inscrit dans la Modernité en même temps qu'il s'en détourne ; il s'en approprie les codes en même temps qu'il les rejette. Ce paradoxe tient à la condition même de la Modernité démocratique : le pouvoir démocratique est par essence un « *lieu vide* », selon l'expression du philosophe Claude Lefort, c'est-à-dire indéterminé, dépourvu de projet politique intrinsèque puisque soumis aux aléas des élections. Comment combler ce vide ? La vision du monde conspirationniste est une réponse à cette interrogation moderne en prétendant révéler, cachée dans l'ombre, dans les souterrains de la démocratie, la figure du Juif et ses projets diaboliques comme moteurs véritables de la machine démocratique. Outil de représentation, cet imaginaire est aussi un outil de politisation et de mobilisation, ce qui implique d'être dans une ère de la politique de masse, autre grand fondement de la démocratie moderne. Le point de départ du conspirationnisme est un désir – parfaitement légitime en démocratie – de transparence politique, de redonner au citoyen un pouvoir dont il se sent dépossédé. Une aspiration toujours déçue (la transparence n'est jamais suffisante, le pouvoir est toujours représentatif et le jeu institutionnel complexe) qui débouche sur la suspicion généralisée et la théorisation du rôle de forces occultes. Cela a pour effet de générer en retour d'autant plus de frustration citoyenne et de désirs de rupture tels que ceux décrits précédemment.

C'est ainsi qu'il faut comprendre la persistance et même le regain d'intérêt pour le mythe de la conspiration au sein même de la Modernité : ce mythe, dont nous analyserons plus en détail la façon dont il s'articule avec d'autres récits mythiques, trouve une raison d'être particulière dans notre époque. Ce sont donc les liens complexes entre l'imaginaire de la Modernité démocratique et celui d'un mouvement comme E&R qu'il nous faut analyser plus en détails.

Modernité et anti-Modernité

Notre réflexion autour de la question de la Modernité se base largement sur les travaux de Marcel Gauchet[73]. Ce qui fonde la Modernité, c'est ce que Gauchet appelle le processus de « *sortie de la religion* », c'est-à-dire de la religion comme principe organisateur de la vie des sociétés. La Modernité naît par trois vagues successives : le surgissement du politique (1500-1650), la légitimation du politique contre le religieux par le biais du droit qui reconnaît désormais l'individu comme sujet juridique (1650-1750), la naissance de l'historicité (à partir de 1750). La démocratie moderne est basée sur trois dimensions : la politique (sous la forme de l'État-Nation), le droit (les droits de l'homme) et l'histoire. Dans leur agencement

---

73. Voir notamment Marcel Gauchet, *La révolution moderne*, Paris, Gallimard, 2007.

contemporain, c'est le principe juridique des droits de l'homme qui domine les deux autres. Cela comporte un risque : celui que la démocratie se retourne contre elle-même, en finissant par annihiler la politique et en étendant sans fin les revendications individuelles contre la primauté du collectif. Avec la sortie de la religion s'ouvre une ère d'individualisation, marquée par l'autonomie de la société (les individus se donnent leurs propres normes). Corollairement, l'esprit rationnel l'emporte sur la pensée magique. La Modernité est donc marquée par un triple processus d'individualisation, de rationalisation et de différenciation. Symétriquement, le subjectivisme et le relativisme s'imposent à mesure que la Modernité se « *radicalise* » (que les restes de la société religieuse disparaissent) puisque les institutions normatives d'encadrement du « *croire* » sont délégitimées de leur autorité.

Dans le processus de sortie de la religion, les totalitarismes du XXe siècle incarnent une réaction au processus, en tentant de recréer l'unité non plus par le religieux, mais par le politique, pour que l'individu puisse à nouveau se fondre dans la collectivité. L'échec des totalitarismes s'explique par le poids de leurs contradictions internes : l'Occident était déjà trop avancé dans la Modernité et l'individualisme. La « *radicalisation de la Modernité* » triomphe, et ce partout dans le monde. Cela n'est pas sans susciter des contre-réactions ; pour Gauchet, toute idéologie est d'ailleurs une tentative de perpétuer la religion (fut-elle séculière) mais c'est une tentative toujours vaine : nous ne retournerons pas au monde religieux, car la Modernité est entrée dans une phase de « *radicalisation* » qui la rend indépassable – et quand bien même ce serait possible, cela serait-il souhaitable ? Quoiqu'il en soit, il faut prendre acte du processus de radicalisation de la Modernité.

En quoi le déploiement de la Modernité peut-il aider à comprendre les raisons de la rupture conspirationniste ? La pensée d'Alain Soral s'y oppose frontalement en discours. En apparence, elle est une idéologie de ceux qui ont perdu le combat de l'Histoire contre la Modernité triomphante et qui en conçoivent un certain « *ressentiment idéologique* »[74], propice aux tensions politiques et

---

74. Marc Angenot, *Les idéologies du ressentiment*, Montréal, XYZ Éditeur, 1995.

communautaires : se développent avec ce ressentiment la peur de la disparition, de l'exploitation de certains groupes humains par d'autres (les musulmans par les Juifs, les « *petits Blancs* » par les islamistes instrumentalisés par Israël...). Ce ressentiment est basé sur la hantise du matérialisme et et des frustrations qu'il suscite. Ce matérialisme cynique, lié à la violence de la concurrence libérale, correspond, dans l'esprit de Soral, à une vision du monde précise, celle qui est développée par les Juifs et les francs-maçons : « *Ni sang, ni foi, ni loi, la franc-maçonnerie constitue donc le réseau de pouvoir typique de la Modernité issue des Lumières.* »[75]

La Modernité se caractérise donc pour Soral par son absence de morale et de sens de la justice. Il faut dès lors lui opposer un « *front de la foi* » combinant les éthiques islamique et catholique, teintées d'ésotérisme. Face à l'individualisme qui détruit les valeurs conservatrices et les solidarités traditionnelles, il faut clamer le retour de la communauté et du collectif, en un mot le retour à la structuration religieuse de la société. En ce sens, la pensée de Soral est bien une « *idéologie* », c'est-à-dire une « *religion après la religion* », et plus précisément une idéologie passéiste, selon laquelle il faut *résister* à la sortie de la religion. Puisqu'il faut restaurer la religion, alors il faut commencer par décoder la réalité proprement spirituelle qui se cache derrière les mouvements de la Modernité. Cela explique l'importance du discours eschatologique et ésotérique à E&R ; le matérialisme triomphant est un signe de la « *fin des temps* ». Dieu a abandonné les Hommes, désormais livrés à eux-mêmes. Mais c'est précisément parce que les Hommes sont livrés à eux-mêmes et que le discours conspirationniste en prend acte – fût-ce à contre-cœur – qu'il emprunte en réalité beaucoup plus à la Modernité qu'un regard superficiel pourrait le laisser penser.

Nous allons nous attacher à montrer que la pensée de Soral est un produit de la radicalisation de la Modernité de par ses aspects philosophiques, politiques et technologiques. Commençons par la dimension philosophique.

---

75. Alain Soral, *Comprendre l'Empire*, 2011, Blanche, p. 106.

Le conspirationnisme :
un imaginaire mythique moderne

La Modernité a beau avoir permis l'avènement de la rationalité, les représentations mythiques n'ont pas disparu de notre imaginaire politique : elles apparaissent d'ailleurs en réaction à la Modernité. Puisque nous sommes sortis de la religion, c'est au premier chef le mythe de l'unité qui nous obsède ; comment recréer l'unité religieuse perdue ? Mais ce mythe n'est pas le seul à nous hanter. Il nous faut ici utiliser la typologie établie par l'historien Raoul Girardet[76] pour approfondir la question. Ce dernier distingue quatre grands mythes structurant l'imaginaire politique dans la Modernité : la conspiration, l'unité, le sauveur et l'âge d'or.

Le concept de « mythe » n'est pourtant pas si facile à définir. Récit légendaire, simple fantasme, ou encore outil d'incitation à l'action, le mythe revêt plusieurs définitions et constitue un imaginaire politique qui « *accompagne les systèmes de pensée rationnels* » pour Girardet. Il voit dans la référence aux mythes le signe d'un malaise du corps social et politique, renonçant au rationnel de la théorie pour se plonger dans un imaginaire rassurant. Mais le mythe ne s'appuie pas seulement sur des ressorts psychologiques : il se mélange aussi avec le discours du jeu politique légitime. En d'autres termes, nous n'échappons jamais aux représentations mythiques et celles-ci peuvent tout à fait s'intégrer dans un discours rationnel. Un mythe a une rationalité interne indéniable et ne repose pas sur une quelconque métaphysique. Girardet lui-même reconnaît que « *l'imaginaire ne fait pas tout* » et qu'il ne préjuge pas des systèmes de pensée ou des raisonnements qui en découlent.

Le mythe de l'Unité

Le mythe de l'Unité consacre le rêve d'un peuple réconcilié refaisant « Un » derrière son leader, communiant dans l'amour de la patrie, éliminant les contradictions de classe et les barrières culturelles. Le patchwork idéologique d'E&R converge vers la recréation de l'Unité de « *l'esprit français* », trans-courants et trans-religieux.

---

76. Raoul Girardet, *Mythes et mythologies politiques,* Seuil, 1986.

Il s'agit d'éradiquer le négatif, la différence, en donnant un sens positif à l'Histoire, un projet où l'altérité et la violence seraient sorties de l'Histoire. Le mythe de l'Unité est structurant dans l'imaginaire politique d'E&R, encore plus peut-être que le mythe de la conspiration lui-même, qui le complète. Le mythe positif de l'Unité de la Nation par la « *réconciliation nationale* » est en effet une réponse au mythe négatif de la Conspiration. C'est la tactique classique du « bouc émissaire » par laquelle l'unité du groupe se reconstitue par la désignation de l'ennemi, en l'occurrence le Juif conspirateur. L'unité s'en trouve renforcée par la menace commune d'un complot contre les membres de la société, alors que la crédibilité de ce complot n'est tenable qu'à condition d'établir une distinction claire entre comploteurs et victimes du complot.

Le mythe de la conspiration

Girardet définit le mythe de la conspiration comme celui qui décrit une Organisation caractérisée par le secret et mue par une volonté de puissance et de domination. Pour les tenants du mythe conspirationniste, l'Organisation ne cherche pas seulement à prendre le contrôle de l'appareil politique et administratif : elle s'étend à tous les domaines de la vie collective (famille, éducation, dissolution morale). Ainsi :

« *Une dernière stratégie reste [...] à être mise en œuvre, aux multiples combinaisons et que les hommes du Complot ont toutes apprises à manier : celle de la corruption, de l'avilissement des mœurs, de la désagrégation systématique des traditions sociales et des valeurs morales. L'enfant, surtout lorsqu'il appartient aux catégories dominantes du corps social, en constitue de toute évidence l'objectif privilégié. On ne tentera pas seulement d'agir sur son intelligence, ses lectures, ses habitudes de penser et de sentir. Pour mieux s'assurer de sa fidélité ou de sa docilité, on ne reculera pas dans certains cas devant une entreprise délibérée de dissolution morale. [...] Quant aux mœurs de la société adulte, c'est sur "la Femme" que l'on va, semble-t-il, essentiellement compter pour parachever leur dislocation. Habilement mise au service de l'Organisation, non moins habilement poussée dans les bras des puissants de ce monde, c'est à elle que reviendra la tâche de briser les foyers, de déchirer les familles. À elle aussi le soin de les conduire à la ruine par ses caprices, ses fantaisies et ses exigences*[77]. »

---

77. Raoul Girardet, *Mythes et mythologies politiques*, Seuil, 1986, p. 38.

Ce passage est d'une formidable pertinence pour comprendre l'imaginaire d'Alain Soral et d'Égalité & Réconciliation. En quelques lignes, il résume à s'y méprendre les modes de pensée de l'association, vingt ans avant sa création. « *L'Organisation* » s'incarne chez Soral dans la « *communauté organisée* » (comprendre les élites juives et sionistes), accusée, effectivement, de détruire les traditions sociales et les valeurs morales (d'où la nécessité pour Soral d'une « *droite des valeurs* » traditionnelles, non bourgeoises) ; la « *dissolution morale* » de l'enfant est également un thème porteur à E&R, comme l'a montré l'épisode de la théorie du genre à l'école, au printemps 2014 : un projet de l'Éducation Nationale pour enseigner l'égalité hommes-femmes avait suscité l'indignation d'E&R, qui avait propagé des rumeurs selon lesquelles les « *lobbies LGBT* » iraient dans les classes d'école pour donner des cours de masturbation, ou pour forcer les enfants à s'identifier à l'autre sexe, etc. Le mouvement de protestation, les « Journées de Retrait de l'École », avait été porté par Farida Belghoul, alors proche de Soral. En outre, l'existence supposée de réseaux pédophiles au bénéfice de la classe politique est l'un des chevaux de bataille d'Alain Soral depuis de longues années, avant même qu'il ne crée E&R[78]. Enfin, le rôle de « *la Femme* » dans l'imaginaire conspirationniste décrit par Girardet trouve un écho saisissant chez Soral, qui a connu ses premiers succès pour ses essais sur la « *féminisation de la société* »[79], c'est-à-dire la décadence sociale causée par des « *féministes hystériques* » jouant le jeu de l'économie libérale et capitaliste.

Ainsi, on voit comment l'imaginaire de la conspiration tel que le décrit Girardet correspond parfaitement à celui d'Alain Soral. Il y a bien des invariants dans le mythe conspirationniste, dont les différentes déclinaisons puisent aux mêmes sources de l'imaginaire. Par ailleurs, Girardet affirme qu' « *aucun des mythes politiques ne se développe [...] sur le seul plan de la fable, dans un univers de pure gratuité, de transparente abstraction, libre de tout contact avec la présence des réalités de l'Histoire* ». Au contraire, comme un bon film, un mythe « *s'inspire de faits réels* » (la franc-maçonnerie et les organisations juives ou sionistes existent bel et bien) et extrapole à partir de cette réalité

---

78. Alain Soral, *Socrate à Saint-Tropez*, Blanche, 2003.
79. Alain Soral, *Vers la féminisation ?*, Blanche, 1999.

(leur existence n'est pas anodine et cache un projet de domination à l'œuvre). C'est tout l'intérêt pour E&R de se présenter comme un site d'informations : cela accentue la légitimité symbolique des idées relayées, puisqu'elles se présentent comme d'objectives informations. Ce n'est que dans un second temps que l'imaginaire conspirationniste se met en branle, mais celui-ci persiste à se penser comme rationnel, c'est-à-dire basé sur l'enchaînement de causes et conséquences déterminées par l'administration de preuves. Démonter la mécanique conspirationniste implique alors de sortir le raisonnement de sa logique interne pour le confronter à l'extérieur. Deux exemples viennent appuyer cette idée. Le premier, lorsque E&R publie un article intitulé « *C'est bon pour Israël !* »[80], reprenant des propos de Bernard-Henri Lévy à propos des printemps arabes. L'article relaie une vidéo de *Russia Today* sur le terrorisme en Libye et le chaos engendré par la chute de Kadhafi suite à l'intervention occidentale, que « BHL » avait fortement soutenue. Le hiatus entre les faits et le récit journalistique/mythique procède comme suit :

- situation objective : les propos de BHL ont effectivement été prononcés, et la Libye est effectivement déstabilisée et en proie aux groupes terroristes depuis la mort de son dictateur historique ;

- récit mythique : E&R sous-entend que BHL aurait volontairement poussé la Libye au chaos au bénéfice d'Israël, et ses propos sont une « preuve » de sa démarche ;

- réalité : pour Bernard-Henri Lévy, ce qui est « *bon pour Israël* », c'est que cet État soit entouré de pays souhaitant se démocratiser, pas de pays en crises.

Le deuxième exemple, assez similaire, est celui de Manuel Valls, qui, dans une interview à *Radio Judaïca* en juin 2011 (alors qu'il était simple député PS), affirmait son « *lien éternel* » avec « *la communauté juive et Israël* »[81]. Là encore, on peut déconstruire les procédés journalistiques d'E&R de la façon suivante :

---

80. Propos de Bernard Henri-Lévy en 2011 sur le plateau de *BFM TV*, relayés par Égalité & Réconciliation en avril 2014 en appui d'une autre vidéo présentant la situation chaotique en Libye depuis la chute de Kadhafi (http://www.egaliteetreconciliation.fr/C-est-bon-pour-Israel-24451.html).

81. Hicham Hamza, « La vidéo que Manuel Valls tente de faire disparaître », *Égalité & Réconciliation*, 14 décembre 2012, http://www.egaliteetreconciliation.fr/La-video-que-Manuel-Valls-tente-de-faire-disparaitre-15415.html.

- situation objective : Manuel Valls a effectivement été invité à cette conférence organisée par une radio communautaire juive et a bien tenu ces propos ;
- récit mythique : c'est le signe d'une allégeance et d'une soumission aux intérêts sionistes, condition de son accession au pouvoir ;
- réalité : pressé par les questions du journaliste, Manuel Valls tenait à rappeler une évidence : il n'est ni antisémite ni anti-israélien. Le ton de sa voix témoigne de son exaspération devant les insinuations du journaliste.

On voit comment l'imaginaire conspirationniste prend la réalité et la logique comme points de départ dans le raisonnement. Ce n'est pas une idéologie déconnectée de l'environnement politique, philosophique et symbolique dans lequel elle évolue. Si elle est rupturiste, elle n'en a pas moins l'actualité comme origine. L'imaginaire (dé)raisonne toujours à l'appui de « *preuves* » et de citations bien placées.

Les mythes de l'Âge d'or et du Sauveur

Soral combine les mythes de la conspiration et de l'Unité avec les autres mythes identifiés par Raoul Girardet : mythes de l'âge d'or et du sauveur providentiel.

Le mythe de l'âge d'or présente un monde contemporain triste, sombre, qu'il oppose à un passé joyeux et lumineux, mais indéfini : à quel moment se situe exactement cet âge d'or ? Difficile de répondre à cette question. En célébrant la vie sous l'Ancien Régime dans *Comprendre l'Empire* – et en affirmant que l'image négative de la monarchie n'est que le produit du mensonge bourgeois –, Soral utilise le passé pour dépeindre en négatif un présent délabré et pointer les défauts de certaines formes de la vie politique contemporaine. Le mythe de l'âge d'or est une célébration de l'innocence d'un vague « *état de nature* » ; nulle surprise, donc, si la thématique du « *retour à la terre* » est si présente à Égalité & Réconciliation (exaltation des terroirs, de la survie en pleine nature, de l'agriculture biologique locale...) : c'est une façon de retrouver le bonheur perdu d'un temps idéalisé et indéfini où la civilisation et le progrès n'avaient pas encore corrompu les hommes. L'association des représentations de l'âge d'or et de la conspiration donne donc une image de la décadence et du déclin politique, social, économique et moral.

Sans doute le tableau est-il complété par le mythe du sauveur, chargé de redresser la barre et de renouer avec l'âge d'or. Le mythe du sauveur se retrouve dans l'identité visuelle même du site d'Égalité & Réconciliation : la bannière du site représente Jeanne d'Arc et... Alain Soral d'un côté, et plusieurs dirigeants politiques révolutionnaires, charismatiques, controversés et d'origines diverses de l'autre (Mahmoud Ahmadinejad, Hugo Chavez, Vladimir Poutine, Thomas Sankara, Fidel Castro, Mouammar Kadhafi, Patrice Lumumba et Ernesto Guevara). Alain Soral n'a jamais caché son soutien aux régimes de ces dirigeants, en particulier aux régimes iranien, vénézuelien ou russe, lançant même une mini-campagne « *Nous voulons un Chavez français !* » en 2013. L'image d'un leader charismatique et autoritaire correspond clairement à l'idéologie d'Égalité & Réconciliation : capable de remettre de l'ordre dans une Nation, incarnant personnellement le pouvoir au-delà des « *réseaux souterrains* » et sans commettre les mensonges de la démocratie libérale, et, dans certains cas (Chavez, Ahmadinejad), anti-impérialiste et anti-israélien, il est celui que la Providence envoie pour sauver son pays et changer le cours de l'Histoire en temps de crise profonde de légitimité et d'identité.

Ainsi, les mythes se renforcent mutuellement et leur combinaison constitue un imaginaire de rupture avec le présent. La Conspiration (l'action des sionistes) met la société en danger et la fait rentrer dans une phase de décadence faisant regretter l'Âge d'Or (l'Ancien Régime, la France d'avant-guerre), ce qui implique de recréer l'Unité de la société (Front de la foi, dépassement du clivage gauche-droite) grâce aux lumières d'un Sauveur providentiel (Alain Soral). Le rapport à l'Histoire – redéfini autour du complot et de la décadence qu'il engendre – est donc un élément clé de l'imaginaire d'E&R. Le mythe politique est le signe d'un dérèglement de la société, ou du moins d'une partie de la population qui cherche à combler son imaginaire et à se former des représentations qui la satisfassent et qui changent des représentations collectives majoritaires en lesquelles elle n'a plus confiance. Dans la Modernité, l'usage des mythes s'inscrit dans une réalité et un projet politique. Il ne s'oppose pas à la raison mais se place dans un imaginaire au sein duquel le raisonnement fait sens. Dans le cadre de cet imaginaire, *tout est lié* comme le montrent les conspirationnistes ; en dehors, quand cet imaginaire est confronté à d'autres sources, pour ne pas dire à l'esprit critique, la faiblesse du raisonnement apparaît au grand jour.

À travers cette analyse de l'imaginaire mythique, on voit se dessiner ici les premières contradictions du caractère antimoderne de l'idéologie rupturiste. Si elle se place en opposition formelle avec la Modernité, elle se construit à partir de certaines de ses caractéristiques : relativisme, subjectivisme et *in fine* individualisme. Rejeter la Modernité est alors un moyen paradoxal d'y entrer à reculons.

Rejeter la Modernité pour y entrer à reculons ?

Soral situe ses argumentaires sur le même plan que tout argumentaire politique moderne. À force d'adopter les codes de la Modernité, il en adopte à son corps défendant les façons de penser.

À l'avant-garde technologique

D'un point de vue technologique, Soral est là encore à l'avant-garde de la Modernité : son mouvement maîtrise parfaitement les codes de la communication à l'ère d'Internet. Nous reviendrons sur la question du nouveau marché de l'information dans un chapitre ultérieur. Notons à ce stade cette nouvelle ambivalence, entre un discours qui se veut antimoderne et des supports de diffusion de ce discours résolument modernes. Certes, nécessité fait loi : c'est parce qu'il se sent « censuré » dans les médias traditionnels que Soral exploite Internet. Néanmoins, sa capacité à jouer le rôle du persécuté politique et ses qualités de showman dans ses vidéos le situent en plein dans la société du spectacle qu'il exècre par ailleurs. À tel point que lui-même déplore que beaucoup de gens soient « *de purs consommateurs qui [le] regardent faire [s]on numéro* » et « *s'amusent à bouffer du Soral quand ça leur chante* »[82]. Il faut dire qu'il est effectivement plus facile de faire tenir une communauté virtuellement que dans le réel ; la communauté E&R est essentiellement compo-

---

82. Alain Soral, « Soral répond ! », vidéo du 18 juillet 2014, https://www.youtube.com/watch?v=B-JuTuh15Io.

sée d'individus seuls devant leur écran et non d'un groupe structuré dans la « vraie vie »... E&R propose d'accéder à une vision du monde et à une communauté d'esprit à partir de son écran d'ordinateur, de sorte que l'individu qui y adhère peut parfaitement se fantasmer le monde religieux (au sens où Marcel Gauchet l'a défini) sans bouger de chez soi... Une illusion confortée par la maîtrise des armes culturelles modernes, l'humour, la dérision, mais aussi plus prosaïquement le merchandising de la contre-société rupturiste (t-shirts, kits survivalistes, etc.).

Les outils de la rationalité

Les moyens technologiques modernes produisent des modes de pensée modernes. Ainsi, la démarche du conspirationnisme est indiciaire, à l'instar de la méthode du même nom utilisée en médecine, et se veut la manifestation d'un « *esprit critique* » : il s'agit de trouver les indices des mensonges des médias et des politiques. D'après la charte fondatrice d'Égalité & Réconciliation, il ne faut pas s'en remettre à « *l'Éducation Nationale normative* », qui prive les enfants « *de l'outil de la pensée critique* »[83]. D'un point de vue formel, ce sont bien les outils de la rationalité qui sont mobilisés. Soral se vante régulièrement d'être un « *maître du logos* », c'est-à-dire de l'esprit logique. Mais la rationalité et « *l'esprit critique* » de Soral sont limités dans la mesure où il s'agit d'une pensée qui fonctionne en vase clos : c'est un argumentaire qui ne cherche jamais les contre-indices. Est écarté tout ce qui ne va pas dans le sens de l'idéologie. Il s'agit de se protéger contre tout ce qui contredit le discours conspirationniste, en le rejetant le cas échéant comme une preuve supplémentaire des tentatives de falsification des comploteurs... En témoigne ce commentaire d'un internaute sur une vidéo YouTube E&R :

« *Lorsqu'on voit avec quel acharnement des* Sayanim *comme Caroline Fourest font en sorte de démonter les "théories du complot", cela me suffit à penser qu'elles sont exactes.* »[84]

CQFD : montrer les incohérences des théories du complot, c'est en réalité confirmer leur validité. La cohérence interne du discours conspirationniste est réelle, pas sa cohérence externe.

---

83. http://www.egaliteetreconciliation.fr/Charte-E-R-1601.html.

84. https://www.youtube.com/watch?v=-bnYrzqlI88.

L'individu conspirationniste

D'un côté, Soral se présente comme un antimoderne, de l'autre, il cherche à raisonner de façon logique, avec une parfaite maîtrise des moyens de communication les plus avancés. Cela montre l'étendue de l'ambivalence de sa relation à la Modernité. Et cela suggère également une hypothèse : adhérer à sa politique de rupture conspirationniste pourrait être une voie d'entrée à reculons dans la Modernité. En effet, en s'attaquant à la Modernité (lieu du complot organisant le règne de l'individu-roi), au nom d'une Unité fantasmée (religieuse – dans l'islam, le catholicisme traditionaliste – ou politique – dans la Nation), l'adepte de l'imaginaire conspirationniste chercherait en réalité à s'affirmer paradoxalement comme individu. En effet, c'est bien au nom de sa subjectivité qu'il réclame le « droit » d'être antisémite et qu'il analyse le monde *via* le complot. Et le complot a ceci de particulier que c'est une explication potentiellement démobilisatrice : peut-on vraiment lutter contre des forces obscures aussi puissantes ? Devant l'impossibilité de changer les choses, la conclusion s'impose, et rejoint en tous points celle de la Modernité radicalisée sous sa forme libérale : on ne peut plus changer le monde, on ne peut changer que sa propre vie, sa vision du monde. La rupture politique, symbolique et intellectuelle défendue par Soral est de fait inaboutie et contradictoire : elle ramène tout droit à la Modernité désenchantée alors même qu'elle est une tentative de s'en émanciper. C'est ainsi qu'il faut comprendre la persistance du mythe de la Conspiration : il s'agit de redonner à l'individu la maîtrise de son environnement, en lui permettant d'appréhender le monde non par l'universel mais à travers sa propre position dans le monde. Changer le monde peut bien attendre, la promesse de la Modernité est de donner la possibilité de « devenir soi » ; le conspirationnisme et ses pratiques culturelles rupturistes sont une façon d'y parvenir, sur le plan intellectuel, en rationalisant un certain mal-être social. C'est ce qu'illustre le cas de cet adhérent d'E&R qui justifiait son choix de rejoindre l'association en ces termes :

« *Seul, frustré, je combats mes addictions multiples [jeux vidéo, sexe, nourriture] et ne construis pas grand-chose. J'espère combler les manques de ma vie avec plus de réel et retrouver une authentique vigueur et rage d'aller de l'avant ! Et dans ce contexte, je suis convaincu que d'œuvrer et rencontrer des gens au sein d'Égalité & Réconciliation m'aideront dans ce but !* »[85]

Il s'agit bien de se fondre dans un collectif (E&R) pour se réaliser comme individu et pour vaincre ses addictions névrotiques. E&R propose une culture initiatique et consumériste à la portée de tous, ainsi qu'un espace d'entraide et de solidarité. Sur le forum des adhérents, les membres peuvent poster des petites annonces pour s'échanger des petits services, comme conseils de lecture, mais aussi des petits jobs ou encore pour faire du troc. Le collectif n'est pas une fin en soi mais une sorte de thérapie personnelle. On retrouve cette idée dans le parcours de Marc George, le cofondateur d'E&R que nous avons déjà mentionné. D'abord militant socialiste, puis attiré par le fascisme italien (ce qui le conduira à militer au Front National auprès de Jean-Marie Le Pen), il finira converti à l'islam et se rapprochera de mouvements islamistes au Moyen-Orient, notamment le Hezbollah. Sur le plan personnel, Marc George reconnaît souffrir de problèmes d'alcoolisme. Il est assez facile de constater comment la recherche pour le moins chaotique et sinueuse d'un idéal politique (mettant systématiquement l'accent sur le collectif, l'antilibéralisme et anti-individualisme) se confond chez Marc George avec la quête de l'identité personnelle, montrant par là même comment le rejet de la Modernité individualiste peut paradoxalement constituer une voie d'accès dans la Modernité, qui pousse à la réalisation de l'individu. La peur névrotique de la Modernité n'empêche pas d'y chercher sa place.

Liberté d'expression et « pouvoir au peuple »

La façon dont le conspirationnisme revendique la liberté d'expression et le pouvoir au peuple montre avec encore plus d'intensité comment il peut constituer une voie d'entrée paradoxale dans une Modernité *a priori* rejetée.

En effet, Soral ne réclame rien de moins que redonner au peuple le pouvoir dont il est spolié : c'est en quelque sorte une théorie critique de la démocratie. Il s'agit de retrouver la transparence des

---

85. Cité par Robin d'Angelo et Martin Molard, *Le système Soral*, Calmann-Lévy, 2015, p. 86.

décisions et les fondements de l'autogouvernement. Ce n'est pas pour rien que la démocratie athénienne est régulièrement citée en exemple par les proches d'Égalité & Réconciliation : l'agora et le tirage au sort sont perçus comme des modèles de transparence et de démocratie directe. Le conspirationnisme procède d'une *frustration démocratique* ; ses théoriciens placent beaucoup d'espoirs en la démocratie, ils ne la rejettent pas d'emblée. Mais les espoirs, déçus, se transforment alors en aversion, le doute légitime en suspicion généralisée, le contrôle citoyen des élites en diabolisation de la représentation. En dépit de ces retournements, c'est bien dans l'univers démocratique que le conspirationnisme rupturiste prétend agir et nulle part ailleurs : seule une démocratie produit ce type de phénomène – il n'y aurait pas grand sens à tomber dans le conspirationnisme contre les élites en Corée du Nord, par exemple...

Le fait que le conspirationnisme se situe dans l'univers démocratique s'exprime également par la revendication systématique de la « *liberté d'expression* ». C'est-à-dire, par exemple, le droit de dire tout et n'importe quoi sur les Juifs, qui ne devraient pas échapper à la critique, comme n'importe quelle autre communauté. C'est bien la « *liberté d'expression* » et la lutte « *contre la pensée unique* » qu'invoque la charte d'E&R, et Soral quand il réclame l'abrogation de la loi Gayssot, que revendique Dieudonné pour s'exprimer dans ses spectacles ; soit une revendication pour plutôt « plus » de démocratie que « moins », en dépit de leur aversion pour ce que Soral appelle « *la démocratie de marché et d'opinion* ». Certes, la revendication de liberté d'expression est placée sous une forme accusatoire : il s'agit de montrer que le « *Système* » démocratique commet des entorses à ses principes dès lors que les intérêts de ses élites (juives) sont menacés. Cette revendication place même les plus farouches opposants au « *Système* » dans le cadre de la démocratie, au prix toutefois d'une confusion inquiétante sur la définition de la liberté d'expression, qui n'est jamais absolue en démocratie. Cette confusion s'explique par un profond mécanisme à l'œuvre dans la Modernité : l'avènement du règne du subjectivisme. Quand Soral déverse insultes et quolibets noyés dans un vague appareil conceptuel, sa vulgarité est interprétée comme de la franchise, qui ne s'embarrasse pas du « politiquement correct ». La spontanéité assumée de ses vidéos de commentaires politiques (qu'il se vante d'impro-

LES SOUTERRAINS DE LA DÉMOCRATIE

viser, comme si l'analyse politique ne requérait pas de réflexion en amont) est là pour livrer la vérité brute de sa subjectivité. Opposer à son discours antisémite les règles de la vie en société (la loi qui interdit l'incitation à la haine raciale) relève, dans l'ère du subjectivisme moderne, d'une insupportable violence de l'État normatif sur l'individu autonome. C'est exactement de cette façon qu'il faut également comprendre pourquoi la dénonciation de la loi Gayssot, qui pénalise la négation des crimes contre l'humanité (dont la Shoah), rencontre un tel succès sur Internet et bien au-delà des milieux négationnistes : réclamer son abrogation n'a pas simplement une visée politique (pouvoir diffuser librement des idées négationnistes), cela entre aussi en profonde résonance philosophique avec l'essoufflement, dans la Modernité, de la légitimité de normes brimant la liberté d'expression, elle-même réduite à l'expression spontanée de la subjectivité de chacun. C'est un paradoxe frappant, qu'un principe démocratique (la liberté d'expression) soit déformé par l'*ethos* moderne (la subjectivité érigée au rang de vérité) et serve finalement à faire progresser des idées anti-démocratiques.

Le discours d'Alain Soral est donc à la fois anti-moderne et ultra-moderne. Il rejette l'héritage des Lumières et des droits de l'Homme, le vocabulaire de l'égalité et de la démocratie formelle dont il dénonce les mensonges, mais il prétend mobiliser l'esprit critique pour cela, quitte à tomber dans le relativisme le plus total. Il dénonce vertement la société de communication et du spectacle, tout en maîtrisant ses codes et en les maniant à son profit. La politique de rupture est toujours inaboutie car paradoxale. Elle se fait à l'aide des armes qu'elle cherche à abattre : sans relativisme idéologique, sans indétermination du sens de l'Histoire, point de discours conspirationniste. En retour, l'*ethos* moderne, qui valorise la subjectivité et la spontanéité au détriment des règles communes, trouve une résonance toute particulière dans le récit conspirationniste et antisémite. Ce dernier se présente en effet comme un contenu politique comme un autre, qu'on ne saurait interdire puisque le relativisme est la règle. Cette situation témoigne des tensions qui travaillent en profondeur nos sociétés démocratiques modernes. Cela laisse supposer que le discours conspirationniste n'a rien d'une mode passagère et tout d'un phénomène structurant qui accompagne la radicalisation de la Modernité et ses contradictions.

Une vision sécularisée de l'Histoire

Puisqu'avec la Révolution française, Dieu est sorti des catégories d'explications politiques, 1789 « *inaugure un monde où tout changement social est imputable à des forces connues, répertoriées, vivantes* », note l'historien François Furet[86]. Chercher à déterminer ces forces constitue le travail de l'observateur politique moderne. Le conspirationniste n'échappe pas à cette tâche. Sa vision est en ce sens profondément moderne. Ce n'est pas un hasard si l'imaginaire du complot (au sens d'une représentation occulte du pouvoir politique) apparaît avec la Révolution de 1789. Dès la fin du XVIIIᵉ siècle, les thèmes du complot maçonnique, jésuitique ou anticatholique commencent à émerger, et avec eux toute une littérature sur les sociétés secrètes comme les Illuminés de Bavière. Ainsi, les *Mémoires pour servir à l'histoire du jacobinisme* d'Augustin Barruel (1797) fondent en quelque sorte le conspirationnisme moderne. Dans ce texte, la Révolution est présentée comme étant le fruit de l'action concertée des Lumières, de la franc-maçonnerie – infiltrée par les Illuminés de Bavière – et des juifs. Il faut cependant attendre la première moitié du XXᵉ siècle pour qu'apparaisse le terme de « théorie du complot », en réaction aux thèses d'Augustin Cochin (qui analyse les sociabilités révolutionnaires, notamment les loges maçonniques).

Dans cette optique, les forces qui font l'Histoire ne sont plus d'origine divine ou le fruit de la Providence, mais bien des actions humaines. Les théories de la conspiration s'assimilent donc à l'évacuation de Dieu ou de la Providence comme cause première et posent la question de savoir qui a pris sa place. De pouvoir absolu et « de droit divin », le pouvoir se voit limité par les règles démocratiques, ce qui ouvre un espace pour un pouvoir caché qui redeviendrait absolu. La vision conspirationniste refuse d'accepter la contingence et le chaos de l'Histoire, qui devient non plus le lieu de la réalisation du plan divin mais de celui de quelques hommes, ceux qui « *savent l'Histoire qu'ils font* »[87] contre ceux qui la subissent. C'est une vision laïcisée, en quelque sorte, de l'explication téléolo-

---

86. François Furet, *Penser la Révolution française,* Gallimard,1978.

87. Marcel Gauchet, entretien paru dans *Les Collections de l'Histoire,* n°33, octobre-décembre 2006, pp. 60-67.

gique ; l'Histoire reste le lieu de l'accomplissement d'un « projet », mais un projet humain. C'est une concession fondamentale que fait le conspirationnisme à la Modernité que de sortir le sacré des catégories d'analyse.

Mais qui sont, alors, ces hommes qui savent l'Histoire qu'ils font ? Dans la pensée conspirationniste de Soral, c'est la « *communauté juive organisée* ». Au nom de l'Ancien Testament, les élites juives et sionistes font régner un capitalisme mondialisé contre les peuples du monde entier et affadissent les mœurs contre les saines structures traditionnelles. Dans le monde de la sortie de la religion, c'est précisément contre la spiritualité de ceux en qui il voit les maîtres du monde que Soral s'élève ; les Juifs, eux, sont toujours guidés par leurs principes religieux ! Ce raisonnement, selon lequel les hommes sont livrés à eux-mêmes tandis que les « *maîtres du monde* » accomplissent en secret un plan religieux, est au croisement des deux grands rationalismes modernes : le cartésianisme et l'hégélianisme[88]. Pour Descartes, les hommes peuvent utiliser leur raison pour agir sur leur environnement ; pour Hegel, les hommes sont victimes des « *ruses de la raison* » qui permettent le déploiement des forces de l'Histoire. Ces deux systèmes philosophiques se contredisent en apparence, mais le conspirationnisme en fait la synthèse : dans le cas de Soral, c'est l'élite juive qui contrôle son destin, en suivant un projet bien précis, tout en instrumentalisant la raison du reste de l'humanité qu'elle aliène et fait vivre dans l'illusion de la maîtrise. Notre dépossession, pour Soral, vient précisément de cette illusion qui masque la réalité du projet de la « *raison juive* ».

Mais que dénonce Soral dans cette spiritualité si ce n'est, en négatif, l'absence de spiritualité de son propre camp ? En pointant du doigt l'organisation religieuse des élites, il ne fait au fond que regretter la sortie de la religion du peuple. L'organisation religieuse des élites a eu pour effet de couper les hommes de Dieu, car le Dieu des élites, c'est Satan. Mais cette organisation religieuse qu'il dénonce, c'est celle qu'il veut pour l'ensemble de la société, selon d'autres modalités mais sur le même principe. De la même façon, le pouvoir qu'il prête aux Juifs, c'est celui dont il rêve pour son camp ;

---

88. Pierre-André Taguieff, *Les protocoles des sages de Sion*, Berg International, 1992.

c'est le pouvoir de façonner le monde selon sa volonté. Dans ce jeu paradoxal, entre dénonciation et aspiration au retour de la religion comme principe organisateur, réside la clé de la Modernité historique de Soral. Témoignant d'une nostalgie de l'ère pré-moderne, ses catégories d'explications ne demeurent pas moins dans l'immanence des actions humaines. Dans le passage suivant, Soral développe sa méthode d'analyse historique :

« *Si on regarde l'histoire depuis un siècle et demi, il y a des lignes de force, des choses qui s'accomplissent. Ça ne part pas dans tous les sens. Depuis la mort du roi et la fin de la transmission héréditaire du pouvoir, sur des critères traditionnels, on va de plus en plus sur un pouvoir de l'argent intégral qui s'appuie d'abord sur l'humanisme et la raison, puis qui sacrifie la raison pour s'appuyer de plus en plus sur l'Ancien Testament. Cela peut s'expliquer par la logique interne du capital, qui est la vision aveugle de l'intellectuel bourgeois autorisé, marxiste ou pas marxiste, qui ne nomme personne ; ou il peut y avoir la vision inverse, le complotisme intégral, les Illuminatis. Or on peut faire converger ces deux analyses, pour ne pas être dans l'abstraction totale de la logique du capital aveugle qui ne serait incarné par personne, ou d'un complot de gens qui serait purement un projet complotiste (Sic.). En réalité, il y a une logique du capital qui accomplit une espèce de pente fatale, et puis il y a aussi des gens qui ont très bien compris le pouvoir qu'on pouvait tirer de ce processus et qui sont des élites maçonniques, ethno-confessionnelles et qui constituent l'Oligarchie. L'Oligarchie, c'est des gens qui ont des rapports de sang [ce sont des lignées, des familles, des dynasties] qui essaient de rester au sommet du dispositif capitaliste. C'est un combat incessant sur deux siècles, et c'est ça qui nous permet de connaître ce vers quoi on va aujourd'hui, qui n'est pas du complot puisque c'est annoncé par les maîtres du monde eux-mêmes : cela s'appelle le projet de gouvernement mondial, porté par le nouvel ordre mondial rallié par tout le monde.* »[89]

Soral fait bien remonter le début de la prise du pouvoir judéo-maçonnique à la Révolution (« *depuis la mort du roi et la fin de la transmission héréditaire du pouvoir* »). C'est également le point de départ de sa réflexion dans *Comprendre l'Empire*, son manifeste politique, où il accuse les révolutionnaires d'avoir jeté les bases de « l'Empire » en détruisant les saines valeurs de l'Ancien Régime.

---

89. Entretien avec Franck Abed (mai 2011), https://www.youtube.com/watch?v=ypCt7QxnqkA (3:59).

Soral fait de l'action des groupes humains le moteur de l'Histoire. S'il rejette le qualificatif de « complotiste » (terme doté d'une connotation trop négative pour être revendiqué à son compte), cette « *oligarchie* » dont il parle présente bien les caractéristiques de comploteurs mal intentionnés. Son explication historique est bien mono-causale ; elle « *explique tout jusqu'au moindre événement en le déduisant d'une seule prémisse* »[90]. Dans le même entretien, il ajoute d'ailleurs :

« *Très souvent dans l'histoire, le sale boulot est fait par des naïfs manipulés par des salauds qui restent toujours en coulisses, et c'est toute l'histoire du monde, y compris l'histoire de l'émancipation algérienne par le FLN, de la révolution française...* »[91]

Derrière les tenants apparents du pouvoir, les détenteurs du vrai pouvoir caché tirent les ficelles. Cela constitue la base de toute la réflexion politique et intellectuelle de Soral. Le complot est ce qui permet de justifier l'imprévu des événements, le caractère stricte-ment contingent des bouleversements politiques dans une démo-cratie. Le complot est une véritable « *catégorie de l'explication poli-tique* » dans l'univers démocratique et « *un des modes ordinaires sur lesquels l'ensemble des acteurs sociaux se représentent le pouvoir et son action* »[92]. Il vient justifier un sentiment de dépossession politique proportionnel aux attentes de la démocratie – dont le principe de participation populaire est d'abord *revendiqué* par les conspiration-nistes avant qu'ils ne se résignent à l'impuissance.

La Modernité du conspirationniste s'illustre par son caractère séculier : bien que celui-ci ait souvent recours au lexique démono-logique[93] – ce à quoi Soral n'échappe pas en s'en prenant au carac-tère « *sataniste* » des projets sionistes –, il repose toutefois sur la dénonciation d'actions humaines, et non divines, pour expliquer la

---

90. Hannah Arendt, *The Origins of Totalitarism*, San Diego, Harcourt Brace, 1951, IIIᵉ partie : *Le système totalitaire*, Paris, Seuil, 1972, pp. 215-216.

91. Entretien avec Franck Abed (mai 2011), https://www.youtube.com/watch?v=ypCt7QxnqkA (3:59).

92. Marcel Gauchet, entretien paru dans *Les Collections de l'Histoire*, n°33, octobre-décembre 2006, pp. 60-67.

93. Pierre-André Taguieff, *L'imaginaire du complot mondial. Aspects d'un mythe moderne*, Mille et une nuits, 2007, p. 7.

marche du monde. Ainsi, mythe moderne s'élevant contre la Modernité, le conspirationnisme, bien plus qu'un fantasme irrationnel, apparaît comme une ruse de la raison pour ré-enchanter le monde à sa manière, c'est-à-dire de façon sécularisée et témoignant de la dépossession des actions humaines. En tant que réseau virtuel et vecteur d'anonymat, il est propice au rêve et à l'imaginaire, et valorise les récits mythiques conspirationnistes. Dépossédés du pouvoir dans l'espace, les conspirationnistes le sont aussi dans le temps : le survivalisme et le catastrophisme, visions du monde connexes à celles du complot, déploient une idéologie de dépossession par rapport au futur, temps de l'apocalypse et de la fin du monde, où « *le monde tel qu'on le connaît* » est menacé par de grandes forces agissantes. Sur ce plan, le conspirationnisme a ceci d'ambigu qu'il est aussi bien un outil de mobilisation politique (il faut lutter contre les forces obscures qui dirigent) que d'impuissance, de découragement (que faire contre des groupes si puissants ?).

Cela souligne une fois de plus l'aspect illusoire de la tentative de résistance de l'idéologie conspirationniste à la Modernité : elle s'élève contre elle, alors même qu'elle ne propose guère d'alternatives philosophiques réelles. Elle emprunte bien plus à ses principes qu'elle ne la combat.

La rupture souhaitée est donc toujours une rupture inaboutie. Si la Modernité se retourne contre elle-même, elle n'est pas dépassée. Le discours conspirationniste et rupturiste devient en fait un élément de plus en plus structurant de la Modernité à mesure que celle-ci se radicalise.

Cette radicalisation de la Modernité se manifeste également sur le plan politique, bouleversant les formes institutionnelles d'organisation de la vie des hommes. En quoi cette évolution politique fournit-elle un terreau favorable au conspirationnisme de rupture ? Comment se met en place le rejet d'une vie politique diabolisée ?

CHAPITRE IV

Les mutations de la démocratie au défi de l'insécurité culturelle : les causes politiques du succès de Soral

La radicalisation de la Modernité a des conséquences importantes sur le fonctionnement concret de notre démocratie. Comme nous l'avons montré, elle est désormais marquée par la revendication de la subjectivité dans la construction des représentations du monde, loin des représentations collectives qui structuraient notre système politique. Or, cette subjectivité est dominée politiquement par un sentiment d' « *insécurité culturelle* », comme l'a théorisé le politologue Laurent Bouvet[94] : une vague d'inquiétude voire de peur saisit une grande partie de nos concitoyens vis-à-vis des grands changements dans l'ordre du monde, liés à la mondialisation économique et politique, à l'immigration et plus généralement au bouleversement des modes de vie. À bien des égards, c'est l'exercice de notre souveraineté qui semble nous échapper. Cette insécurité culturelle a des ressorts politiques, sur lesquels s'appuie la pensée d'Alain Soral, en lui apportant des réponses identitaires et « antisystème ». Il faut donc s'attacher à mieux comprendre la nature de cette crise culturelle et politique. Plus que jamais, le pouvoir démocratique est un « *lieu vide* », selon l'expression de Claude Lefort. Du fait d'Internet, nous sommes lancés dans une course à la transparence politique qui ne fait que nourrir le soupçon conspirationniste ; un soupçon d'autant plus aigu que le principal cadre

---

94. Laurent Bouvet, *L'insécurité culturelle*, Fayard, 2013.

politique de la Modernité, l'État-Nation, est en déclin. Cela favorise le « rupturisme politique », d'autant qu'au-delà des institutions en tant que telles, la guerre identitaire, nourrie par la stigmatisation, les discriminations et la concurrence victimaire antiraciste, tend à miner notre capacité à faire société ; la « lutte des races » indirectement prônée par E&R en est le symptôme alarmant. C'est bien la combinaison du subjectivisme-roi et de l'insécurité culturelle qui rend plus que jamais insupportable le sentiment d'absence de contrôle sur le politique : la souveraineté politique nous échappe au moment même où l'individu moderne veut être souverain sur sa propre personne. De ces espérances déçues émerge la vision conspirationniste du monde : elle rationalise cette dépossession et favorise la « rupture » symbolique et intellectuelle qui prétend rendre autonome et maître de soi, à défaut d'être maître de son destin collectif.

Comment l'exigence de transparence démocratique nourrit la suspicion

À l'occasion de différents scandales politico-financiers, le thème de la « transparence » refait régulièrement surface dans le débat public. Il faudrait améliorer le contrôle et la surveillance des patrimoines des élus, de leur comportement même, pour répondre à un « devoir d'exemplarité ». La transparence est demandée par tous dans l'univers démocratique, notamment par l'extrême droite, qui la réclame pour mieux souligner les manquements à l'éthique d'une classe politique supposée corrompue.

C'est que la transparence est intimement liée à l'expérience démocratique : les décisions doivent être prises publiquement, « en pleine lumière ». Mais la transparence est une exigence jamais tout à fait satisfaite ; quand peut-on acquérir la certitude que nos représentants ne nous cachent rien ? Que rien ne se joue qu'on omette de signaler au public ? En réalité, passé un certain niveau, le surcroît de transparence nourrit la défiance plus qu'il ne l'apaise. Le conspirationnisme n'est pas le symptôme d'un déficit de transparence, mais bien d'une suspicion exacerbée et toujours insatisfaite. L'instauration du régime parlementaire coïncide d'ailleurs avec l'envolée des discours conspirationnistes modernes, non avec son déclin. La politique a beau s'élaborer en public, dans les parlements et la presse, pour autant, comme le note Marcel Gauchet, « *jamais le malaise et l'insatisfaction en matière de juste représentation de la volonté générale n'ont été aussi intenses que lorsque le régime représentatif est pleinement installé* »[95]. C'est que la souveraineté populaire, en régime représentatif, est toujours aliénée (au sens étymologique : elle est déléguée dans les mains d'autrui). Le soupçon se nourrit alors du soupçon, et chacun se croit fondé à voir dans l'aliénation représentative la mainmise des francs-maçons ou des Juifs. Rétablir une parfaite correspondance entre le pouvoir et le peuple est le point de fuite de la démocratie, que Soral réclame par le biais d'un « despote éclairé » plus que par la représentativité. On le voit, l'idéologie totalitaire germe des faiblesses internes de la démocratie représentative, auxquelles elle prétend apporter des solutions, mais ne remet pas en cause le principe de transparence démocratique ; la pensée de Soral s'immisce dans l'espace situé entre les mécanismes de contrôle du pouvoir démocratique et leur efficacité réelle.

La démocratie est intrinsèquement liée à la quête de la transparence, voire à la suspicion envers les gouvernants et leur tendance à comploter contre le peuple. Lance deHaven-Smith, dans sa critique du concept de *conspiracy theory* (qu'il juge injustement infamant), va même jusqu'à affirmer que la démocratie américaine s'est bâtie sur une théorie du complot et que les Pères Fondateurs étaient eux-mêmes des conspirationnistes, puisque la révolution contre l'Angleterre se justifie, dans la Déclaration d'Indépendance, par le fait qu'une « *longue suite d'abus et d'usurpations* » du Roi Georges « *marque le dessein de soumettre [les hommes] au despotisme absolu* », ce qui ressemble fort à une « *théorie du complot* »[96]... Si l'analyse faite par deHaven-Smith du terme de *conspiracy theory* mériterait plus ample critique, elle révèle avant tout l'importance, dans l'imaginaire démocratique, du culte de la transparence (soit la volonté de débusquer les complots des gouvernants). Cela n'est évidemment pas répréhensible en soi, puisque la suspicion envers les élites et la dénonciation de complots n'implique pas forcément, comme on l'a vu, une vision conspirationniste du monde et une volonté de rup-

---

95. Marcel Gauchet, entretien paru dans *Les Collections de l'Histoire* n°33, octobre-décembre 2006, pp. 60-67.

96. Lance DeHaven-Smith, *Conspiracy Theory in America (Discovering America)*, University of Texas Press, 2014.

ture avec le système politique. Néanmoins, l'*ethos* démocratique de la transparence ouvre une brèche dangereuse car elle la rend perpétuellement insatisfaite. Et la légitime suspicion, le « contre-pouvoir » exercé par les citoyens envers leurs dirigeants, risque de se transformer en rejet du système démocratique lui-même, incapable de remplir l'exigence de vérité à laquelle il prétendait pourtant répondre, et auquel on pourra substituer un régime politique autoritaire, mené par un leader charismatique et populiste qui promettra de « purifier » l'État de ses comploteurs, de faire enfin jaillir à la fois transparence et efficacité. C'est l'analyse que fait Karl Popper de l'émergence des régimes totalitaires des années 1930[97] : ceux-ci fustigent l'incapacité des démocraties à être à la hauteur de leurs ambitions et se proposent de les battre sur leur propre terrain, celui de la communion entre le peuple et ses dirigeants, la Nation étant rassemblée autour d'une doctrine unique, dans un esprit de « transparence » intégrale – qui dégénère en surveillance généralisée.

Avec Internet, l'exigence démocratique de transparence politique prend un nouveau tournant, puisqu'elle devient, en apparence du moins, techniquement plus accessible qu'elle ne l'a jamais été. Le travail de WikiLeaks, qui n'hésite pas à « hacker » des données pour révéler des scandales politiques, montre qu'il est devenu quasi-impossible pour les gouvernants de cacher quoi que ce soit aux peuples. En retour, la masse d'informations disponible sur Internet rend d'autant plus aisé d'établir des connexions et des rapprochements entre des données non liées entre elles, sur le mode de la rumeur ou de l'amalgame. C'est la clé du succès des sites comme Égalité & Réconciliation. Un citoyen suspicieux – mais peu averti des rigueurs de la distance critique – sait qu'il pourra y trouver de quoi nourrir son doute. Même quand tous les faits sont là, le désir de transparence ne semble jamais pouvoir être comblé et la suspicion perdure toujours. La transparence appelle toujours plus de transparence, ainsi que la suspicion qui va avec, propice à l'imaginaire conspirationniste dans lequel tout est toujours caché.

Enfin, l'esprit démocratique de la transparence se heurte aujourd'hui au flou du processus de prise de décisions politiques. Alors

---

97. Karl Popper, *La société ouverte et ses ennemis*, Seuil, 1979.

que le débat public s'exerce au niveau national, le poids grandissant des institutions européennes – à la légitimité démocratique pour le moins limitée dans l'esprit des citoyens – rend confus le partage des responsabilités des dirigeants. Le vote n'est plus l'acte par lequel les citoyens choisissent souverainement le modèle de société auquel ils aspirent ; l'effacement des principales divergences entre les différentes sensibilités politiques, voire le reniement pur et simple des choix des citoyens (on pense au référendum de 2005 sur la constitution euro-péenne, finalement adoptée dans une version à peine remaniée trois ans plus tard par voie parlementaire) sont autant de facteurs qui entraînent un sentiment de dépossession politique. Celui-ci a pour double effet, d'une part, de rendre les mécanismes politiques moins lisibles, alors qu'augmente (en conséquence) le désir de savoir ce qui se cache vraiment derrière ces institutions au rôle obscur, d'autre part, de favoriser l'adhésion à l'imaginaire conspirationniste, faute non seulement d'une pédagogie des dirigeants envers les citoyens mais aussi d'un manque objectif de clarté et de légitimité de la déci-sion politique. S'engouffrant dans la brèche, Soral est totalement op-posé à la construction européenne, dans laquelle il voit une volonté américano-sioniste de détruire la démocratie « *par le morcellement des Nations* ». L'UE serait alors une première étape vers le gouverne-ment mondial, qu'il voit comme la réalisation du projet sioniste et la mise en esclavage des peuples.

Il faut à présent étudier la façon dont le recul de l'institution poli-tique par excellence (l'État-nation) génère un sentiment de dépos-session politique sur lequel s'appuie le discours de rupture conspi-rationniste.

La fin du paradigme de l'État-nation républicain et la dépossession politique

L'État-Nation recule sous la pression de la globalisation et du développement d'institutions supranationales, notamment euro-péennes. Son dépassement progressif manifeste la radicalisation de la Modernité dans sa dimension politique. En effet, l'État souverain, réceptacle de toutes les attentes des citoyens, était une persistance de la société religieuse au sens de Gauchet. Son déclin marque une étape supplémentaire dans la sortie de la religion. La globalisation politique et économique qui l'accompagne est un puissant levier du discours conspirationniste, suscitant la défiance des citoyens. Un internaute illustre ce phénomène par son commentaire posté sous une vidéo de Vincent Reynouard, négationniste pro-hitlérien souvent relayé par Alain Soral, dans laquelle il affirme (comme pour crédibiliser son discours) ne pas croire à un « complot juif » mais simplement à une influence des Juifs permise par la complaisance des gouvernements. Cet internaute, dont le pseudonyme est « Adolf Hitler », contredit Reynouard en ces termes :

« Pas de complot, vous dites ? Alors comment expliquez-vous que nous soyons tous, c'est-à-dire le monde entier, dirigés vers une uniformité mentale et culturelle ? C'est vrai ça, j'habite en Algérie, les gens s'habillent en jeans tout comme les européens, les asiatiques ou les sud-américains ! Comment se fait-il que tous ces gens soient dirigés vers l'appât du gain facile même au détriment de son prochain [égocentrisme universel], comment expliquez-vous que les lois sociales soient quasi-similaires partout dans le monde : la même peine pour le même crime, et que les rares pays qui refusent d'y adhérer sont violemment attaqués [militairement et économiquement parlant] ? Et surtout comment expliquez-vous que les juifs pullulent dans les lieux où circule l'argent, comment se fait-il que les plus grandes banques du monde soient exclusivement dirigées par des juifs ? »[98]

Il s'agit là d'une illustration parfaite du discours conspirationniste : jouer sur le sous-entendu plutôt que sur la démonstration, la mise en relation d'éléments déconnectés *a priori*, le refus de la contingence, l'usage de questions rhétoriques... Tout y est. Pour cet Algérien, la complexité du monde est évacuée au profit d'une explication mono-causale, autrement plus simple et paradoxalement rassurante que l'analyse des influences occidentales, de l'héritage postcolonial, etc. Ce qui doit retenir notre attention ici, c'est la façon dont la globalisation (ce qu'il appelle « *l'uniformité mentale et culturelle* ») est propice à la mécanique conspirationniste : si les événements nous dépassent et s'imposent à nous, c'est qu'ils doivent être pensés par une force occulte, incarnée par ceux qui contrôlent le monde de l'argent, c'est-à-dire les Juifs.

---

98. https://www.youtube.com/watch?v=-bnYrzqlI88.

Ce que révèle ce type de croyances est l'incapacité des États à donner une direction aux citoyens, à leur fournir une grille de lecture de la marche des choses. L'insécurité culturelle née de la mondialisation[99] entraîne une « insécurité cognitive » qui pousse certains individus à rompre avec les représentations communes du monde politique. Il s'agit bien, en réalité, d'un effort de rationalisation du monde, d'une schématisation en quelque sorte, plus que d'une vision paranoïaque. En effet, dans la démonstration de l'internaute « Adolf Hitler », le complot saute aux yeux et constitue une explication qui a pour elle la force de l'évidence observable. Ainsi, plus le monde se complexifie et se globalise, plus les efforts d'explications et de représentations tendent vers la simplicité et la mono-causalité. La tentation de la rupture est alors plus grande, puisqu'il existe un décalage entre l'univers politique et la capacité d'un acteur individuel à agir sur lui et à le saisir dans sa totalité.

Les représentations de cet univers politique ne passent plus par les grandes institutions de socialisation politique (partis, syndicats, Églises) mais par la subjectivité de l'individu, dont le sentiment de dépossession citoyenne le pousse à la rupture sous diverses formes. L'école républicaine, en particulier, a de plus en plus de mal à remplir son rôle de formation des futurs citoyens, comme le montrent les nombreux témoignages de professeurs dans certains quartiers, affirmant ne plus arriver à enseigner la Shoah sans s'exposer aux théories du complot brandies par les élèves, ou aux difficultés de certains lycées à faire observer la minute de silence en hommage aux victimes des attentats des 7 et 9 janvier 2015. Il s'agit bien là d'une crise de l'autorité dans son ensemble : la parole du professeur ne fait pas plus autorité que celle de l'État face à la concurrence des sources de socialisation politique.

La construction européenne participe évidemment de ce dépassement des instances de socialisation politique traditionnelles. Le conspirationnisme trouve dans l'Europe une prise d'autant plus favorable qu'il s'agit, précisément, d'un *projet*, c'est-à-dire une volonté consciente et affichée des acteurs politiques de dépasser le cadre de l'État-Nation pour entrer dans une ère supra-nationale. Ce qui est propice à la mise en branle de l'imaginaire conspirationniste, qui va

---

99. Voir Laurent Bouvet, *L'insécurité culturelle*, Fayard, 2015.

chercher à déterminer les motivations « réelles » des acteurs de la construction européenne – des motivations forcément d'autant plus sombres que l'Union européenne échoue structurellement à tenir ses promesses de prospérité économique et que la fédéralisation de l'UE avance contre l'assentiment populaire. En ce sens, la ratification du Traité de Lisbonne en 2008 malgré le « Non » au référendum français de 2005 est bien sûr un puissant facteur de déclenchement de l'imaginaire conspirationniste et de la volonté rupturiste des citoyens par rapport à des élites politiques qui ont elles-mêmes « rompu » avec les citoyens. Dans *Comprendre l'Empire*, Soral fait précisément de la ratification du Traité de Lisbonne le moment où « *l'appareil d'État de la nation française, sous le quinquennat Sarkozy, va passer intégralement sous contrôle de l'Empire* »[100]. C'est donc de la dépossession politique que s'empare le discours de rupture, qui peut montrer que tout se joue en dehors du contrôle démocratique ordinaire, dans les salles obscures de Bruxelles, qui plus est au nom d'un projet dont les bénéfices pour les peuples sont très loin d'être évidents pour une majorité de nos concitoyens.

De fait, la démocratie dans les États membres de l'UE ne peut plus être totalement définie par la souveraineté nationale et populaire. Qu'est-ce qui l'a remplacée ? Qui pourrait définir la « démocratie européenne » ? Celle-ci supposerait soit l'existence d'un nouveau peuple européen, soit une nouvelle définition de la démocratie (qui ne serait donc plus tout à fait la démocratie). Or, personne aujourd'hui ne semble en mesure de choisir entre les deux termes de cette alternative, et la question reste en suspens. Le flou est entretenu par tous les responsables politiques et le vide entre citoyens et institutions s'agrandit (c'est le fameux « déficit démocratique » de l'UE). C'est dans ce vide que prospèrent ce que Pierre Rosanvallon appelle les « *populismes destructeurs* »[101], dont la politique de rupture est un avatar.

La réaction à la construction européenne comme l'un des ressorts de la politique de rupture se comprend encore mieux si l'on se réfère à nouveau à la typologie des « mythes politiques » de Raoul Girardet, que nous avons déjà largement appliquée au discours d'Alain Soral.

---

100. Alain Soral, *Comprendre l'Empire*, Blanche, 2011, p. 196.

101. Pierre Rosanvallon, *La Contre-Démocratie. La politique à l'âge de la défiance*, Seuil, 2006.

Dans la partie précédente, nous avions fait du « Mythe de l'Unité » la pierre angulaire de ses théories ; l'imaginaire de l'unité religieuse ou politique contre les ennemis de l'islam, du catholicisme et de la Nation. Il s'agirait de reconstituer cette unité contre le « mondialisme », qui passe notamment par l'UE, source de décadence, pour restaurer la grandeur nationale et spirituelle. Or, l'imaginaire du fédéralisme européen repose de façon exactement symétrique sur un « Mythe de l'Unité » : puisque la France est « *trop petite* » pour survivre dans la globalisation, puisque « *l'union fait la force* », alors il faut construire une Europe politique dotée de larges prérogatives pour assurer la paix, la prospérité économique et le progrès social, et lutter contre les nationalismes guerriers et les divisions meurtrières. Unité européenne contre unité nationale : deux versions contraires mais symétriques d'une unité mythifiée comme salvatrice et réponse à tous les maux. Ces deux lectures mythiques se nourrissent mutuellement, se diabolisant l'une l'autre. Ainsi, au discours anti-européen haineux, classique des conspirationnistes, répond un discours « anti-anti-européen » primaire des pro-européens : tout discours critique de l'UE est à leurs yeux suspect d'« europhobie » et, par glissements successifs, de conspirationnisme[102]. C'est dire si l'espace pour une lecture pragmatique et « démythifiée » des rapports de force dialectiques entre Nation et UE tend à se réduire, pour laisser place à une confrontation d'idées polarisées et systématiques, instrumentalisant le discours contraire le plus caricatural pour s'auto-légitimer.

Mais si les discours mythiques – européistes ou nationalistes – trouvent un tel écho, c'est bien parce que les repères politiques traditionnels, prosaïques sont en perte de vitesse. Sur fond de discrédit des dirigeants politiques, l'État-Nation n'est plus une structure d'unification sociale et politique ; il est au mieux une abstraction privée des attributs de la souveraineté, au pire un résidu des guerres et du colonialisme du XXe siècle. Et cette perte de repères touche en premier lieu les citoyens les plus récemment arrivés sur le sol national, c'est-à-dire ceux que l'on appelle les « immigrés » d'Afrique du Nord

---

102. Le journaliste Jean Quatremer estime par exemple que « la boucle est bouclée » quand des militants d'extrême gauche partisans du « Non » au référendum de 2005 soutiennent des thèses conspirationnistes (Jean Quatremer, « Quand l'euroscepticisme mène au conspirationnisme », *Libération*, 24 septembre 2008).

et du Moyen-Orient. D'une part, on leur demande de « devenir Français » et d'autre part on leur explique que « *l'Europe est notre avenir* » (selon l'expression de Jacques Chirac) : ils reçoivent ainsi une injonction paradoxale politiquement schizophrène qui ne contribue pas pour rien à leur sentiment d'insécurité culturelle. Soral l'a bien compris : c'est précisément la raison d'être d'Égalité & Réconciliation que d'amener les musulmans au nationalisme anti-mondialiste, en jouant sur leur fibre conservatrice (les valeurs de l'islam rejoignant pour Soral « *la droite des valeurs* » chrétiennes) et leur intérêt de classe (contre le libéralisme mondialisé). Soral peut dès lors gonfler les rangs du camp nationaliste avec ses recrues musulmanes, jouant sur la lecture conspirationniste de la globalisation et de la construction européenne. Le Complot de « *l'Empire* » explique à la fois la décomposition du monde musulman *via* l'action diabolique d'Israël et le déclassement social des musulmans en France *via* l'action des « sionistes ». C'est encore un paradoxe de la politique de rupture que de lutter contre la globalisation... avec une grille d'interprétation globale du monde : de Ramallah à la banlieue française, les mêmes forces sont à l'œuvre et menacent les faibles, qu'il s'agisse des musulmans discriminés ou des petits Blancs nazifiés par l'Empire. La géopolitique du Complot justifie la réconciliation nationaliste.

Comme on le voit, la lecture géopolitique du conspirationnisme ne peut pas être séparée de sa dimension communautaire. Plus l'assignation identitaire est forte, plus les musulmans et les juifs deviennent sensibles à la thématique du conflit israélo-palestinien, chacun s'identifiant à l'un des deux camps en fonction de son identité religieuse plutôt que nationale. Il faut à présent voir quels sont les ressorts de la racialisation de l'espace politique, et comment elle crée les conditions d'un discours de communautaire.

Misère de l'ethno-différentialisme : la construction d'un ressentiment antisémite au nom de l'antiracisme

Pour comprendre le succès d'E&R, il nous faut analyser les mécanismes de la racialisation du débat politique. La racialisation procède du différentialisme ethnique, qui consiste à diviser la société sur des lignes ethniques. Cela peut se faire de deux façons : par la stigmatisation et la discrimination d'une part (les minorités ethniques étant alors considérées comme indignes d'accéder à certains biens symboliques) ; par la valorisation de la diversité culturelle d'autre part, c'est-à-dire la proclamation antiraciste au « droit à la différence », et partant, à la différence des droits.

L'aura d'Alain Soral en banlieue, où prend corps le nouvel antisémitisme (chez ceux-là même que défendait le mouvement antiraciste), ainsi que la progression électorale du Front National sont des symptômes de la banalisation de l'ethno-différentialisme, qui est source de repli identitaire et (en conséquence) de ressentiment communautaire, à partir d'une vision racialisée de l'espace social : se sentir victime de discriminations en raison de ses origines suscite un repli identitaire *défensif*, quand l'exaltation des origines au nom de la diversité suscite une affirmation *offensive* de son identité.

L'antiracisme peut alors paradoxalement participer de la radicalisation du débat. Comme le rappelle Pierre-André Taguieff[103], il existe deux « *idéaux-type* » de l'antiracisme : l'un est universaliste, l'autre se réclame du pluralisme culturel, proche du différentialisme. Le succès de la rhétorique d'E&R symbolise le retour de l'ethno-différentialisme et des discours racialistes, fût-ce au nom de l'antiracisme. Ce chapitre tente de comprendre comment et pourquoi le différentialisme, conséquence de la radicalisation de la Modernité (étant le produit d'une sorte de « libéralisme identitaire »), a nourri le discours de rupture jusqu'à retourner l'antiracisme contre lui-même, au point que l'antisémitisme de Soral utilise le langage de cet antiracisme-là. Mais le différentialisme est un processus dialectique qui s'aggrave progressivement : en réaction à la remontée de l'antisémitisme, le repli communautaire juif nourrit en retour la dénonciation antisémite du communautarisme et du « suprémacisme » juif.

S'attaquer à ces questions n'est pas simple. Comme le déplore le sociologue Michel Wieworka en tant que chercheur sur l'antisémitisme[104], les critiques sont promptes à fuser de toutes parts

---

103. Pierre-André Taguieff, *Les fins de l'antiracisme*, Michalon, 1995.
104. Michel Wieworka, « Researching present-day antisemitism in France », Yale University, March 2008.

sur un sujet aussi sensible et il n'est pas toujours facile d'avoir un débat dépassionné, constructif et dénué de procès d'intentions. C'est pourtant ce à quoi il faut s'essayer ici, car c'est à ce prix que l'on pourra repenser le vivre-ensemble. Critiquer les errements de l'antiracisme et de la lutte contre l'antisémitisme, ce n'est évidemment pas en critiquer le principe même, et c'est encore moins défendre le racisme et la bienveillance à l'égard de l'antisémitisme : c'est au contraire se donner les moyens d'un réel apaisement des rapports sociaux.

Le différentialisme ethnique

La charte de l'association d'Alain Soral se place résolument dans la perspective du différentialisme : « *La réconciliation des groupes sociaux, ethniques ou religieux que les élites souhaitent opposer et diviser est [...] un formidable contrepoids en termes de résistance au système.* » Il s'agit de monter des communautés (catholique, musulmane) – dont l'unité est mythifiée – contre une autre (la communauté juive et « *sioniste* »). Comme l'analyse Laurent Bouvet, ce type de discours (voisin de celui du Bloc Identitaire, défenseur de la « *race blanche* ») apporte des réponses à l'insécurité culturelle marquées par « *une prégnance très forte des caractérisations identitaires des individus et des groupes sociaux, et bien sûr des clivages qui les opposent*[105] ». Les « *communautés* » sont en effet antagonistes, dotées d'intérêts propres et pouvant nouer des alliances pour se débarrasser d'une partie néfaste du corps social. Ce différentialisme est protéiforme et n'est pas l'apanage d'un groupe communautaire particulier. Ainsi, lors de l'université d'été d'E&R en 2007, on trouve, entre autres, des salafistes partisans du Front National au nom du séparatisme communautaire. À E&R, les groupes sont réunis, si l'on peut dire, par leur volonté de ne pas vivre ensemble.

Le discours d'Alain Soral, comme celui des autres mouvances identitaires (Bloc Identitaire, Front National, islamistes...) procède de cette « *idéologie de la différence* » dont parle l'historien Michel Winock, qui rappelle qu'elle a désormais touché la gauche antiraciste, à revers de la tradition républicaine :

---

105. Laurent Bouvet, *L'insécurité culturelle*, Fayard, 2015, p. 115-116.

« Or la gauche, au pouvoir au moment de l'ascension du Front National, s'est laissé intimider par l'idéologie de la différence [...]. Au nom de la différence, les idéologues de la Nouvelle Droite ont prêché le "chacun chez soi" et Le Pen se défend d'être raciste : il parle de son respect pour "l'identité" des autres. Au nom de la différence, un certain gauchisme a conçu l'idée d'un ensemble "multiculturel", le rêve d'une polyphonie où chacun chanterait à sa façon pour le bonheur de tous. Tandis que les uns règlent le problème par l'exclusion, les autres le font par la négation d'une communauté nationale. Les deux positions, sans être parfaitement symétriques, témoignent néanmoins d'un même manque de confiance dans nos valeurs [judéo-chrétiennes, républicaines, laïques] qui ont fait notre pays et dans notre faculté de les transmettre. Par des moyens apparemment contraires, on en arrive à un même désastre : la ségrégation – ou de droit ou de fait. »[106]

Cela nous mène à analyser la dialectique du racisme et de l'antiracisme autour du différentialisme ethnique et religieux. Ce différentialisme entretient la concurrence victimaire, les différentes « communautés » revendiquant des droits et de la reconnaissance à la hauteur des autres qui seraient favorisées par les pouvoirs publics. Cela constitue le terreau de la rhétorique d'Alain Soral et de Dieudonné, et qui mène le controversé Parti des Indigènes de la République (association de défense des musulmans contre le « *colonialisme français* ») à passer de la lutte contre les préjugés à la dénonciation d'un supposé « *philosémitisme d'État* »[107].

Soral et Dieudonné : l'antiracisme comme justification de l'antisémitisme

Le différentialisme ethnique d'Alain Soral, qui présuppose la fin de l'universalisme républicain et pratique l'assignation identitaire des individus, n'est pas sans manier le vocabulaire de l'antiracisme. Ayant bien compris le profit qu'il pouvait tirer de la concurrence victimaire, il reprend à son compte les armes de l'antiracisme, vantant « *la France black-blanc-beur* », mais, dit-il, « *pas celle de SOS*

---

106. Michel Winock, *Nationalisme, antisémitisme et fascisme en France*, 2014.

107. http://indigenes-republique.fr/racisme-s-et-philosemitisme-detat-ou-comment-politiser-lantiracisme-en-france-3/.

95

Racisme »[108] : celle de la réconciliation Jean-Marie Le Pen-Dieudonné, et de la « *main tendue* » à l'Iran islamique d'Ahmadinejad. On note au passage la façon habituelle chez Soral d'essentialiser les communautés, Ahmadinejad incarnant pour lui « *le musulman* », comme s'il représentait les Français musulmans de par sa religion (bien qu'il soit chiite, tandis que l'immense majorité des musulmans européens sont sunnites). Jouant de son arme rhétorique favorite, celle de l'insinuation, il feint de s'étonner que l'alliance Le Pen-Ahmadinejad « *rende à ce point hystérique de colère et de haine les professionnels de l'antiracisme institutionnel, à commencer par leur parrain en chef Bernard-Henri Lévy* ». Sous-entendu : loin d'être une réaction contre les dérapages verbaux de Dieudonné et Le Pen, leur diabolisation serait due au fait que la communauté juive verrait d'un mauvais œil les autres « *communautés* » s'allier contre elle et sa toute-puissance. Ainsi, Soral cherche à redéfinir, contre « *l'antiracisme institutionnel* » noyauté par les juifs, un « *antiracisme authentique* » dénonçant le prétendu suprémacisme juif et la puissance du lobby judéo-sioniste. Lors d'un débat pour *OummaTV*, Soral reprochait d'ailleurs à un militant antiraciste musulman de ne pas avoir le courage de dénoncer le lobby juif derrière la marginalisation des musulmans, et l'invitait à « *libérer la France* », qu'il qualifie de « *territoire occupé* »[109]. Ainsi, cet antiracisme est exclusivement tourné vers la dénonciation du « *racisme juif* » et de ses manipulations. Il consiste à rapprocher la lutte pour la Palestine et celle pour la libération de la France ; qualifier la France de « *territoire occupé* » va bien entendu dans ce sens. Dès lors, Soral peut préciser la définition de son combat :

« *La définition [de l'antisémite] s'est transformée. C'est passé de génocidaire hitlérien à quelqu'un qui ne se soumet pas au racialisme du judaïsme talmudo-sioniste, donc aujourd'hui un antisémite, c'est simplement un antiraciste conséquent. Je suis, je dois le reconnaître, selon cette nouvelle définition imposée par un glissement progressif, un antisémite.* »[110]

---

108. Alain Soral, *Comprendre l'Empire*, Blanche, 2011, p. 195.

109. Débat entre Alain Soral et Abdelaziz Chaambi, *OummaTV*, 23 mars 2012, https://www.youtube.com/watch?v=7Lt4VjkWfj0.

110. Alain Soral, Égalité&Réconciliation, novembre 2012, https://www.youtube.com/watch?v=F-xhpFMtHHc.

Antiraciste *donc* antisémite ? Un deuxième paradoxe dans sa pensée intervient quand on prend la mesure de la vision racialiste des rapports sociaux qui l'anime :

« *L'affirmation de l'existence de races [différence des communautés ethno-culturelles] [...], loin d'être de la démence ou de la provocation gratuite, n'est jamais que la réaction d'insoumission des esprits encore libres et en bonne santé face à cette idéologie totalitaire du mensonge et de l'absurdité.* »[111]

Antiraciste mais racialiste ? Ce deuxième paradoxe, combiné au premier, permet d'établir une chaîne entre antiracisme, racialisme et antisémitisme, qu'on trouve aussi bien chez Soral que chez Dieudonné. Comment lever ces deux paradoxes ? Loin d'être les produits d'une pensée irrationnelle, il faut pour les comprendre inscrire ce type de prises de positions non pas dans la tradition d'extrême droite, mais bien dans une certaine forme du mouvement antiraciste « de gauche ». En effet, le discours de Soral et Dieudonné qui lie antiracisme, racialisme et antisémitisme se place sur un terrain intellectuel labouré depuis une trentaine d'années par certains courants antiracistes, qui ont malgré eux fourni le terreau des discours de haine faisant recette chez les jeunes d'origine maghrébine. Ces associations n'en ont souvent pas conscience, bien entendu : les principales associations (SOS Racisme, la LICRA, etc.) ont toujours condamné et à plusieurs reprises poursuivi en justice les propos diffamants ou antijuifs de Soral et Dieudonné. En retour, ces derniers les critiquent régulièrement de manière virulente pour leur judéocentrisme[112], mais force est de constater que les deux camps jouent sur le même terrain. Ce n'est en effet pas un hasard si Dieudonné et d'autres personnes gravitant autour d'Alain Soral sont passés par l'antiracisme. Farida Belghoul, au premier rang de la contestation anti-*gender* aux côtés d'E&R, avait été l'une des meneuses de la marche des Beurs en 1983 avant de se détourner progressivement

---

111. Alain Soral, *Comprendre l'Empire*, 2011, p. 205.

112. En 2010, Dieudonné avait ainsi qualifié les associations comme la LICRA « *d'associations mafieuses [...] qui nient tous les concepts du racisme, à part celui qui concerne les juifs. En fait, ce ne sont que des officines israéliennes* ». Cela lui avait valu une condamnation en justice. Soral, pour sa part, voit dans la LICRA « *le bras armé de la communauté [juive] organisée [...], là pour persécuter les insoumis [...] comme moi* » (https://www.youtube.com/watch?v=l6F_EXQ6Fno).

de l'antiracisme « institutionnel ». Dieudonné, quant à lui, est également directement issu du mouvement antiraciste, avant de devenir l'acolyte de Soral (qui figurait en cinquième position de la Liste Antisioniste menée par Dieudonné aux élections européennes de 2009 en Île-de-France, et avec qui il a fondé le parti Réconciliation Nationale fin 2014). Dès la fin des années 90, il utilise sa notoriété pour « *permettre à sa minorité [noire] de s'exprimer sur les graves injustices qu'elle subit depuis longtemps* »[113] : candidat aux élections législatives de Dreux en 1997 pour battre la candidate FN Marie-France Stirbois, il est alors encensé par la gauche. Par la suite, il milite occasionnellement à SOS Racisme, et va jusqu'à recevoir de l'ONU le titre d' « *homme de bonne volonté dans sa lutte contre le racisme* »[114]. Son rôle d'icône de la communauté noire l'amène progressivement (début des années 2000) à s'entourer d'associations comme le Collectif des Filles et Fils d'Africains Déportés (COF-FAD), dont l'action repose sur la concurrence mémorielle entre la traite négrière et la Shoah[115]. Il se rapproche également de *Nation of Islam*, organisation musulmane afro-américaine considérant que les juifs sont en partie responsables de la traite négrière, et de Tribu Ka, l'association de Kémi Seba défendant *grosso modo* la même ligne que *Nation of Islam* et qui fut dissoute en 2006 pour antisémitisme. Le tournant pour l'image publique de Dieudonné a lieu en décembre 2003, quand il participe à l'émission *On ne peut pas plaire à tout le monde* et joue un sketch dans lequel il interprète un colon israélien. Le sketch, qui suscite l'hilarité de Jamel Debbouze sur le plateau, est attaqué le lendemain par la LICRA, l'UEJF et le Consistoire pour diffamation raciale, une plainte pour laquelle Dieudonné sera relaxé. Il n'en demeure pas moins que c'est à partir de ce moment-là que l'humoriste se fera ostraciser des médias, d'autant que par la suite, et notamment à partir de sa rencontre avec Soral en 2005, Dieudonné se radicalisera fortement dans ses propos antisionistes.

---

113. « Dieudonné mène le combat des utopistes », *La Dépêche*, 17 janvier 2001, http://www.ladepeche.fr/article/2001/01/17/214495-dieudonne-mene-le-combat-des-utopistes.html.

114. Anne-Sophie Mercier, *La vérité sur Dieudonné*, Plon, 2005, p. 82.

115. Stéphanie Binet et Blandine Grosjean, « La nébuleuse Dieudonné », *Libération*, 10 novembre 2005, http://www.liberation.fr/grand-angle/2005/11/10/la-nebuleuse-dieudonne_538535.

On le voit, Dieudonné a progressivement adopté une lecture communautaire et raciale des rapports de domination, et son engagement politique, malgré son évolution vers « *l'antisionisme* », reste marquée par une constante : l'étendard revendiqué de l'antiracisme et de la défense de la communauté noire comme minorité opprimée. En rencontrant l'humoriste en 2005, Alain Soral a rapidement vu le bénéfice qu'il pouvait tirer de la notoriété de Dieudonné (qu'il a contribué à radicaliser politiquement), en utilisant son antiracisme et les ressorts de la concurrence mémorielle pour servir son propre discours de dénonciation du prétendu suprémacisme juif, le tout en s'appuyant sur la politique impérialiste et coloniale israélienne[116], dont l'idéologie sioniste serait également à l'œuvre en France et à l'origine des souffrances des Noirs de France comme des Palestiniens. Cette logique consiste à reprendre l'idée antiraciste selon laquelle les « minorités visibles » sont des catégories sociales opprimées, et prolonge cette analyse en révélant que si les catégories opprimées sont marquées ethno-culturellement, alors les catégories oppressives le sont aussi... C'est sur ce terreau que Soral fait une synthèse explosive entre l'antiracisme et la tradition antisémite française, le tout sur fond de lutte des classes racialisée – l'anticapitalisme de Soral, qui dit avoir « *découvert la domination juive alors [qu'il] étudiait la lutte des classes* »[117], n'étant basé au fond que sur la vision d'une lutte des races pour le pouvoir économique. C'est cette synthèse qui constitue le fondement de la coalition des membres d'Égalité & Réconciliation, réunissant majoritairement des immigrés d'origine maghrébine et une extrême droite plus « traditionnelle », c'est-à-dire blanche et de culture catholique. Cette alliance peut être temporaire : une fois la Nation purgée de sa communauté la plus néfaste, la « *communauté juive organisée* », la « *remigration* » des populations musulmanes et issues de l'immigration pourra être

116. Le but de ce texte n'est pas de juger la politique israélienne en Palestine ; néanmoins, il est tout à fait permis de penser, d'un point de vue politique, que le gouvernement et le parlement israéliens, et notamment sa frange d'extrême droite, sont effectivement, comme toutes les extrêmes droites du monde, mues par une tentation suprémaciste et poursuivent un projet d'expansionnisme territorial. De là à considérer que l'éthique juive dans son ensemble est en cause, et que les juifs français en sont imprégnés, il y a un gouffre qui sépare l'observateur raisonnable de l'extrême droite occidentale.

117. Alain Soral, débats avec Eric Naulleau, *Dialogues désaccordés*, Blanche, 2013, p. 107.

envisagée, mais pour l'heure, la priorité réside dans le combat commun contre l'ennemi sioniste.

Ainsi, Soral et les siens instrumentalisent à dessein la rhétorique de l'antiracisme pour donner d'eux-mêmes une image positive défendant une juste cause. L'utilisation dans le discours soralien d'éléments de langage antiracistes nous rappelle en outre que l'extrême droite et la gauche antiraciste évoluent non pas de manière figée l'un par rapport à l'autre, mais dialectiquement, partageant par la force des choses des armes rhétoriques, voire une certaine vision du monde. Il ne s'agit en fin de compte que des deux faces du multiculturalisme normatif, c'est-à-dire la politisation d'une identité essentialisée. Pour la gauche culturaliste, l'antiracisme est basé sur le droit à la différence et l'exaltation des origines au nom de la lutte contre les discriminations. De l'autre côté de l'échiquier politique, le discours stigmatisant du Front National ou d'E&R contre les musulmans ou les juifs n'est finalement qu'une version en négatif du multiculturalisme normatif : c'est la valorisation de la culture blanche et catholique, mais dans le respect des autres cultures, simplement appelées à s'épanouir ailleurs, hors de France. Ces deux versions du multiculturalisme normatif partagent les mêmes présupposés culturalistes sans que ni l'un ni l'autre ne soit de nature à faire baisser les tensions communautaires, en essentialisant chacun à sa manière les « communautés » (noire, arabe, musulmane, juive...), et en les substituant à la communauté nationale – une Nation que la gauche a abandonnée au profit de la défense des droits des minorités, et que l'extrême droite dévoie en lui attribuant une vision ethno-différentialiste. Que ce soit dans ses variantes de gauche ou d'extrême droite, traiter les Français à partir d'une quelconque appartenance communautaire assignée ne fait que les détourner de leur statut de citoyens français, et revient donc à favoriser un repli identitaire. Pour résumer, le multiculturalisme normatif dépasse le simple constat de fait d'une société multiethnique pour en faire un enjeu politique (valoriser les cultures supposées traduire l'appartenance ethnique). Les dangers du multiculturalisme négatif d'extrême droite sont bien connus, ceux du multiculturalisme positif de gauche sont plus rarement analysés[118]. Les discours culturalistes d'extrême droite et

---

118. On pourra toutefois trouver une tentative réussie en ce sens dans Laurent Bouvet, *L'insécurité culturellle*, Fayard, 2014.

de gauche partagent pourtant des présupposés communs, à savoir le fait communautaire comme base d'analyse de la société et une tentation séparatiste sur la base de l'assignation identitaire.

C'est donc l'antiracisme lui-même qui s'est racialisé, à force d'opposer au discours d'extrême droite un message exactement contraire mais néanmoins symétrique (l'idée selon laquelle la diversité est en soi une force et une « chance pour la France »). Ainsi, l'apparition dans le débat public des termes « d'islamophobie », de « judéophobie » voire de « cathophobie » (utilisé par Civitas ou le journal *Valeurs Actuelles*) – ces termes se répondant les uns aux autres – témoigne du fort sentiment communautaire qui se développe et que le mouvement antiraciste a tout sauf apaisé, en essentialisant le fait communautaire et religieux, comme s'il n'y avait qu'une seule façon d'être musulman, juif ou catholique, et donc une « communauté » singulière et homogène pour chaque religion. La création en 2013 d'une « Ligue de défense judiciaire des musulmans »[119] par l'avocat Karim Achoui, proche de Dieudonné, est l'un des derniers avatars de cet « antiracisme communautaire » (vision oxymorique s'il en est de la lutte pour les droits de l'homme). Le principal ressort de ces organisations communautaires est la dénonciation du « deux poids-deux mesures » dont elles s'estiment lésées, réclamant pour elles ce que l'État, suspect de faire perdurer un « racisme institutionnel », serait plus enclin à offrir à d'autres communautés. D'où l'engrenage de la défiance intercommunautaire, basée sur la concurrence victimaire, qui se met alors en place. Il s'agit là d'une conséquence classique de la radicalisation de la Modernité : quand les « *droits de l'homme deviennent une politique* », pour reprendre le célèbre avertissement de Marcel Gauchet, la course aux droits devient infinie et source de ressentiment. Les ressorts de ce ressentiment sont parfaitement résumés par cet extrait d'un article sur le site d'E&R :

« *Regardons les faits, et la situation des deux communautés, socialement, matériellement, politiquement, et médiatiquement [c'est-à-dire dans le traitement médiatique] : il n'y a pas photo. Les immigrés noirs et*

---

119. Sa première plainte fut déposée contre *Charlie Hebdo* et sa une « Le Coran c'est de la merde, ça n'arrête pas les balles ». Le lendemain de l'attentat du 7 janvier, Dieudonné avait ironisé avec un dessin « *Charlie Hebdo* c'est de la merde, ça n'arrête pas les balles » (http://quenelplus.com/quenel-actu/charlie-hebdo-cest-de-la-merde-ca-narrete-pas-les-balles.html).

*arabes partent avec un handicap certain, dans tous les domaines susci-
tés, tandis que les juifs de France n'ont comme seul handicap que... l'antisionisme que les pauvres leur opposent. Une espèce de terrorisme du
pauvre, avec le verbe comme seule arme [...]. Et si derrière les écrans religieux, tout n'était qu'une question sociale, une question de dominance ?
Finkielkraut a beau rejeter l'argument, il est coriace. Les ricaneurs ne
détestent pas la communauté juive, ils détestent le traitement de faveur
dont elle bénéficie dans notre... République[120]. »*

C'est bien la concurrence victimaire qui constitue le terreau de
l'antisémitisme chez Soral et Dieudonné : les juifs seraient la communauté privilégiée de la République, tandis que les Noirs et les
musulmans seraient victimes de discriminations et de brimades
contre lesquelles ils devraient s'élever *en tant que communauté* (et
non pas au nom de l'universalisme républicain). Le discours d'Égalité & Réconciliation s'inscrit lui aussi dans la logique du multiculturalisme normatif, mais va encore plus loin. Partant des catégories différentialistes (en essentialisant les Noirs et les musulmans),
Alain Soral, l'ancien communiste, leur applique une logique de lutte
des races – basée sur le vocabulaire marxiste de lutte des classes.
Ainsi, les immigrés, en tant que catégorie opprimée, devraient lutter contre leurs oppresseurs. Or, si les catégories opprimées sont
des catégories communautaires, les catégories oppressives ne sauraient être autre chose qu'un groupe communautaire également :
ce seront donc, pour Soral, les juifs qui incarneront « l'ennemi de
classe » des Noirs et des musulmans. Une lecture communautaire
et forcément conflictuelle des rapports de classe, donc, qui ne fait
finalement que réutiliser les armes rhétoriques de la gauche antiraciste, elle-même prompte à ériger les « minorités » ethno-cultu-
relles (un concept bien évidemment construit socialement et axio-
logiquement porteur de sens) en catégories opprimées, victimes de
discriminations. Si la dénonciation des « coupables » par Soral est
un saut qualitatif et quantitatif d'importance, le raisonnement doit
interpeller la gauche : le registre sur lequel on définit des catégories
de victimes sera souvent le même que le registre qui fournira les
coupables.

---

120. Égalité & Réconciliation, « Alain Soral et Alain Finkielkraut : Qui est le
plus persécuté ? », 4 octobre 2015, http://www.egaliteetreconciliation.fr/Alain-
Soral-et-Alain-Finkielkraut-35331.html.

Le différentialisme contre l'universalisme républicain

La voix de Soral ne fait qu'entrer en résonance avec un débat public de plus en plus structuré par le différentialisme, à rebours de l'universalisme républicain qui, en ne reconnaissant ni races, ni communautés autre que nationale, sort la question raciale du débat politique pour favoriser le déploiement de ce qui rassemble les Français – à savoir l'exercice de la citoyenneté en premier lieu – plutôt que ce qui les sépare – la race, la religion. Le fait que les armes de la République soient délaissées bénéficie bien entendu en premier lieu à ceux qui ont intérêt, justement, à la désarmer, c'est-à-dire au mouvement soralien, grand pourfendeur, on l'a vu, des « *mensonges républicains* » et depuis peu champion de la réhabilitation de l'Ancien Régime, *via* l'historienne Marion Sigaut. Après avoir contribué à imposer une analyse communautarisante des rapports sociaux (les associations antiracistes tombant dans le piège sans difficultés), les principes et arguments républicains universalistes étant alors mis hors course, Soral a pu alors approfondir la pénétration de ses idées en banlieue, en adjoignant à cet antiracisme les vieilles antiennes de l'antisémitisme historique français. Cette synthèse est relativement simple : les « classiques » de la littérature antisémite, comme *La France Juive* d'Edouard Drumont ou *Les Juifs rois de l'époque* d'Alphonse Toussenel, sont édités et diffusés par Kontre Kulture, la maison d'éditions affiliée à Égalité & Réconciliation, ce qui contribue à donner une épaisseur conceptuelle au mouvement. En parallèle, la société française est décrite comme hiérarchisée de façon forcément communautaire, les juifs étant censés en occuper le sommet, les Noirs et les Arabes la base. L'addition de ces deux tendances au sein d'une même organisation est inédite et offre à E&R une importante base potentielle de sympathisants.

Le repli communautaire juif en réaction à l'antisémitisme : la prophétie auto-réalisatrice du conspirationnisme antisémite de Soral

La racialisation du discours politique, instrumentalisé par l'extrême droite différentialiste avec la complaisance de certains milieux antiracistes, est donc un puissant vecteur de l'antisémitisme conspirationniste qui caractérise la politique de rupture d'Alain Soral. En retour, la racialisation affecte les Juifs eux-mêmes, qui connaissent un repli communautaire défensif – en réaction au retour de l'antisémitisme – qui participe de la racialisation politique. Du fait du sentiment d'insécurité au sein de la communauté juive, les institutions juives, le CRIF en particulier, ne sont pas exemptes de ce phénomène de résurgence du fait communautaire. Cela s'exprime, depuis la Seconde Intifada en 2000, par un soutien de plus en plus marqué du CRIF à Israël, au point que son président Roger Cukierman lui-même avait déclaré qu'il fallait que le CRIF « *cesse d'apparaître comme la deuxième ambassade d'Israël en France, car cela nuit à [son] combat contre l'antisémitisme* »[121]. De fait, assimiler la dénonciation d'Israël à des propos antijuifs ne fait que valider (en prétendant les combattre) les schémas explicatifs conspirationnistes et antisémites d'E&R, en dépolitisant la question israélienne pour la renvoyer à ses dimensions communautaires. Cela renforce le biais de confirmation d'hypothèse du complot juif. C'est frappant chez Soral, qui se glisse dans la brèche et affirme dans *Comprendre l'Empire* :

« *Le soutien inconditionnel [à Israël] par les principales organisations juives françaises [CRIF et Consistoire] va atteindre un tel niveau d'obscénité et de ridicule [qu'il va] avoir pour conséquences de rendre de plus en plus visible, aux Français lucides, la toute-puissance d'un lobby sioniste parfaitement disqualifié pour incarner l'antiracisme, les droits de l'homme ou la démocratie.* »[122]

La perversité du discours conspirationniste est qu'il s'auto-entretient : du fait des provocations de Soral et de ses acolytes, le CRIF tend à adopter une posture défensive, intensifiant son soutien à Israël (comme pays qui ne serait pas, lui, dangereux pour les juifs) et cédant à la tentation du repli communautaire[123] ; posture qui a pour effet de renforcer la dynamique rhétorique soralienne,

---

121. Roger Cukierman, interviewé par Stéphanie Le Bars, « FN, Qatar, image du Crif : le franc-parler du président Roger Cukierman », *Le Monde*, 9 décembre 2013, http://religion.blog.lemonde.fr/2013/12/09/fn-qatar-image-du-crif-le-franc-parler-du-president-roger-cukierman/.

122. Alain Soral, *Comprendre l'Empire*, Blanche, 2011, p. 194.

123. Le retour à la judéité comme réaction à l'antisémitisme fait l'objet d'une certaine continuité historique : Theodor Herzl, grand théoricien du sionisme, affirmait déjà lors du Congrès de Basel en 1897 que « *l'antisémitisme [...] donna un nouvel élan* » au « *sentiment de solidarité* » entre les juifs.

qui peut continuer à se diffuser tranquillement, tout en dénonçant par ailleurs les groupuscules juifs radicaux nés du sentiment d'insécurité comme la Ligue de Défense Juive, interdite aux États-Unis et en Israël mais autorisée en France et objet privilégié des foudres soraliennes... Le rapport de la communauté juive à la République devient « *schizophrène* »[124] : d'un côté, une exigence légitime de protection de la part des institutions républicaines devant la perception d'une remontée de l'antisémitisme ; de l'autre, un repli communautaire qui se manifeste par un regain d'expression de sa judéité. Ce qui revient à tomber dans le piège de Soral, en ratifiant, d'une certaine manière, son argument selon lequel la lutte contre l'antisémitisme n'est qu'une manière de protéger Israël. En réalité, tout le discours antisioniste d'E&R s'effondrerait si l'on repolitisait le débat autour d'Israël et de la Palestine au lieu de l'envisager sous son angle communautaire.

Au-delà de la question palestinienne, on touche ici à la façon dont on traite le fait communautaire en France : les principes de la république universaliste, qui ne le reconnaissent pas (pour pouvoir mettre en avant, à la place, ce qui rassemble tous les citoyens), semblent remis en cause par les gouvernements de gauche et de droite depuis une quarantaine d'années. L'État est en effet lui aussi atteint de cette tendance à la communautarisation du débat politique : lors de l'été 2014, où d'importantes manifestations pro-palestiniennes avaient éclaté, non sans débordements, en réaction à l'offensive israélienne contre Gaza, le Président de la République François Hollande avait choisi, pour apaiser les esprits, d'inviter à l'Elysée des représentants des cultes musulman et juif. Tout se passe comme si l'on avait déjà abdiqué face à la communautarisation du débat et de la société française dans son ensemble, comme si l'on avait entériné ce phénomène, avec tous les dangers qu'il implique en termes de ressentiment et de concurrence victimaire, ingrédients essentiels de l'antisémitisme tel qu'il s'exprime dans le discours de Soral et Dieudonné.

La dialectique de haine se renforce encore lorsque les minorités sont montées les unes contre les autres à des fins politiques. Par exemple, le discours du Front National « dédiabolisé » par Marine

---

124. Michel Wievorka, *La tentation antisémite*, Robert Laffont, 2005.

Le Pen, basé sur un souverainisme identitaire, fustigeant l'islam, en est une bonne illustration : en dépit de la persistance de courants antisémites au sein du FN, Marine Le Pen s'est montrée attentive à écarter du parti les éléments antisémites, à commencer par son père. En parallèle, elle s'est rapprochée du chef de la LDJ, selon le journaliste Frédéric Haziza[125]. En proclamant le FN « *meilleur bouclier pour protéger les Français Juifs* »[126], Marine Le Pen cherche à légitimer un discours de préjugés envers les musulmans en le présentant comme un discours de lutte contre l'antisémitisme islamique. Cela n'a pour effet que d'accentuer les assignations identitaires et donc le repli communautaire. Sombre tableau de la vie politique française où une partie de l'extrême droite utilise les juifs contre les musulmans pendant que l'autre partie monte les musulmans contre les juifs...

Le ressentiment communautaire – et le repli qui l'accompagne – est un phénomène qui s'auto-entretient et s'auto-amplifie. Le discours d'E&R fonctionne sur le mode pervers de la prophétie auto-réalisatrice, la haine des juifs suscitant un repli sur soi (défense d'Israël, sentiment communautaire d'insécurité) qui vient légitimer le discours de haine initial. Sur le plan organisationnel également, le ressentiment est grand : la réussite du CRIF pour défendre ses intérêts suscite l'envie des autres « communautés » de se constituer en tant que telles et d'atteindre le même niveau de reconnaissance et de légitimité institutionnelle par l'État, en jouant sur la concurrence victimaire.

Un cercle vicieux du repli communautaire, donc, qui témoigne d'une panne du modèle républicain, qui est à repenser, ou peut-être tout simplement à retrouver : la racialisation des discours politiques et sociaux, entre une droite stigmatisante et une gauche différentialiste, est bien le fruit de l'abandon de notre modèle républicain universaliste. Un renoncement dont profitent tous les ennemis de la République, ce qu'illustre le succès croissant des thèses d'Alain Soral : le différentialisme nourrit le discours de rupture, qui ne fait que prendre acte des « différences » érigées en normes sociales.

---

125. Frédéric Haziza, *Vol-au dessus d'un nid de fachos*, Fayard, 2014, p. 58.

126. Marine Le Pen, interviewée par Arnaud Folch, *Valeurs Actuelles*, 19 juin 2014.

CHAPITRE V

Le nouveau marché de l'information : les conditions d'une radicalisation politique et médiatique

La compréhension de la mécanique politique d'Alain Soral est indissociable des conditions techniques dans lesquelles la Modernité s'est radicalisée. Au premier rang d'entre elles : le développement d'Internet et des réseaux sociaux. Internet porte particulièrement en lui une promesse d'émancipation, à la source de bien des espoirs, comme l'explique Guillaume Cazeaux, responsable éditorial d'*AgoraVox*, ce « média citoyen » pionnier de la libéralisation de l'information :

« *L'Internet apparaît en effet comme ce monde – bien réel et chargé d'utopie – où l'homme peut enfin prétendre s'émanciper, penser par lui-même, exercer son esprit critique, avec tous les savoirs à portée de main, sans plus s'en remettre à quelque directeur de conscience que ce soit.* » [127]

Et pourtant, c'est précisément l'absence de ce que Cazeaux appelle de façon péjorative des « *directeur[s] de conscience* » qui fait d'Internet un lieu de relativisme : une information de qualité suppose la « médiation », précisément, de médias reconnus comme compétents par le public, et légitimes non pas pour dire ce qu'il faut penser, mais pour rendre compte de l'actualité et des événements. C'est l'ambivalence d'une autre promesse de la Modernité qu'il faut mettre en avant à travers la mécanique politique d'Alain Soral : la révolution technologique démocratise considérablement

---

127. Guillaume Cazeaux, *Odyssée 2.0. La démocratie dans la civilisation numérique*, Armand Colin, 2014, p. 9.

l'accès à l'information et à la connaissance, et pourtant, elle favorise également le relativisme, par l'absence de hiérarchie et de mises en perspective, et produit un trop-plein de sources dans lequel il devient difficile de se retrouver. La démocratisation de l'information participe donc paradoxalement à rendre le monde plus opaque et difficilement maîtrisable. Par ailleurs, l'impératif économique de *buzz* dans le système médiatique valorise la provocation et le spectaculaire au détriment du sérieux de la vérité. De ce point de vue, le cas particulier d'Alain Soral n'est pas isolé : il est au contraire révélateur d'une tendance de fond à la polarisation idéologique et au simplisme intellectuel dans l'espace politico-médiatique. La technologie n'est jamais neutre : elle produit des effets puissants dans le champ idéologique et dans celui de la connaissance, que l'on aurait tort de sous-estimer.

Les nouvelles lois du marché de l'information favorisent la radicalisation idéologique

Resituer le discours d'Alain Soral dans son rapport à la Modernité médiatique implique de considérer le monde des médias comme un marché, soit le lieu de la rencontre d'une offre (les médias) et d'une demande (les citoyens), où s'échangent des biens (de l'information et des idées). Sur ce marché, les idées conspirationnistes, antisémites et rupturistes de Soral sont aujourd'hui des produits particulièrement recherchés.

Libéralisation de l'information et relativisme des savoirs

Avec Internet, la libéralisation de l'information et des médias s'est prodigieusement accélérée. Elle accentue la concurrence entre organes de presse, ce qui est la condition nécessaire d'une information de qualité dans une démocratie. Mais à partir d'un certain niveau de libéralisation, trop de concurrence finit par déprécier la qualité de l'information. En effet, la concurrence exacerbée entre médias, conjuguée aux moyens technologiques qui permettent une information « en temps réel », limite le temps consacré à la vérification d'une information avant de la diffuser ; avoir la primeur d'un scoop ou d'une rumeur compte plus que sa véracité. C'est l'exigence déontologique qui est négligée au profit de la capacité à générer de l'audience, du trafic ou de l'audimat. Et des bénéfices...

Par ailleurs, la crise de confiance et d'autorité des médias institutionnels est confortée par la diversité des sources trouvées sur Internet : blogs, sites d'informations « alternatives », etc. Il n'y a plus de « journal de référence » proprement dit. La disparition de la confiance dans les institutions politiques et médiatiques est propice aux discours de rupture politique, en particulier chez les catégories de la population les plus marginalisées de par leur statut social ou culturel (les musulmans en première ligne, déjà pris dans un jeu de défiance réciproque et mutuelle envers le reste de la société). Le relativisme institué par le nouveau marché de l'information renforce alors les sentiments de complexité du monde, d'être noyé sous les données, et que les « maîtres » jouent contre soi ; la libéralisation de l'information a ceci de contradictoire qu'elle prétend étendre au maximum la parole médiatique, l'avis de chacun pouvant théoriquement être pris en compte. Or, l'espace médiatique institutionnel n'est pas, lui, extensible à l'infini : l'accès à la parole publique est limité pour des raisons matérielles et pratiques. Cette contradiction entre promesse démocratique de l'information « pour tous et par tous » et contraintes du champ médiatique génère une frustration récupérée par l'imaginaire conspirationniste. Cette frustration est bien incarnée par l'ancien garde du corps de Dieudonné, qui justifie ainsi sa fascination pour l'humoriste et pour Alain Soral : « *Tu te retrouves asphyxié, t'arrives pas à respirer, personne ne t'écoute. C'est plus facile de faire entendre sa voix à E&R que dans* Libé *ou dans* Le Monde. »[128] Ainsi, puisque tout le monde a le « droit » d'accéder à la parole publique, de donner son avis et de le voir légitimé, comment expliquer autrement que par une « censure » délibérée du pouvoir sa difficulté de se faire une place dans l'espace public ? Le relativisme de l'information qui nourrit le conspirationnisme procède d'une confusion entre la légitime revendication du droit de chacun à s'exprimer et l'illégitime illusion que tous les points de vue se valent.

---

128. Jo Dalton, interviewé par Marion van Renterghem, « Les rebelles de la "secte Dieudonné" », *Le Monde*, 27 décembre 2014.

Il procède aussi de la concurrence entre sources d'information n'ayant pas le même degré de légitimation institutionnelle : le journal de 20 heures de *TF1* dispose d'un capital de fiabilité plus important qu'un blog tenu par un anonyme, ou par un groupuscule extrémiste. Or la hiérarchie institutionnelle est regardée comme insupportable dans la Modernité radicalisée, où la concurrence identitaire que nous avons décrite plus haute se double d'une concurrence de l'information qui produit les mêmes effets de victimisation et de ressentiment. Internet est le lieu d'expression privilégiée de cette victimisation, non seulement parce qu'il donne accès à chacun à la parole, mais aussi parce qu'il permet d'établir une connivence avec son auditoire. Nous reviendrons sur ce point ; notons pour le moment qu'Internet se trouve être le support amplificateur des phénomènes liés à la libéralisation de l'information : relativisme, règne du divertissement et de l'info-spectacle. Et ce, d'autant plus qu'il encourage à rester dans le confort des certitudes préconçues ; chacun s'informe sur les sites qui correspondent à sa sensibilité politique, ce qui a pour effet de renforcer les convictions initiales, rarement exposées aux idées contraires[129]. Les idées conspirationnistes, en particulier, présentent la spécificité d'être difficiles à contrer, non pas sur la philosophie générale qu'elles défendent, mais en raison de l'effet d'empilement sur lequel elles reposent. En effet, le discours conspirationniste est basé sur la multiplication d'arguments hétéroclites auxquels répondre prend du temps. Quand bien même chaque argument serait contredit, l'effet d'empilement a ceci de pervers qu'on se dit que, malgré tout, « tout ne peut pas être faux » : chaque argument a beau être faible, s'ils vont tous dans la même direction, c'est qu'« il n'y a pas de fumée sans feu... » Les idées conspirationnistes présentent donc un avantage concurrentiel indéniable sur un marché de l'information qui fonctionne sur un effet de confirmation idéologique, ce qu'a bien montré le sociologue Gérald Bronner[130].

---

129. Cass Sunstein, « Délibération, nouvelles technologies et extrémismes », *Raison Publique*, 2004.

130. Gérald Bronner, « L'espace logique du conspirationnisme », *Esprit*, novembre 2015, p. 22.

La twitterisation de l'information : la quête du buzz comme finalité médiatique et indice de la vérité en politique

Sur Internet, c'est bien le *buzz* qui est recherché, c'est-à-dire le trafic et le partage massif sur les réseaux sociaux. C'est ce que l'on peut appeler la *twitterisation de l'information* : la performance médiatique d'un discours s'évalue à sa capacité à se synthétiser en 140 caractères, ce qui favorise les idées polarisées. La twitterisation de l'information tend ainsi à prendre une pensée radicale pour une pensée profonde parce qu'elle est facilement diffusable. En outre, le faible contrôle social sur Internet (du fait d'un relatif anonymat) libère la parole extrême. À ce titre, les idées conspirationnistes sont favorisées par rapport à des explications complexes et profondes du monde : elles suscitent effroi, adhésion, curiosité ou amusement... Soit autant d'émotions propices à déclencher l'acte de « partage » sur les réseaux sociaux et donc à démultiplier le trafic. Une anecdote racontée par des journalistes de *StreetPress* illustre le lien fort qui existe entre quête du *buzz* et idées extrêmes : à l'occasion de la sortie de son dernier pamphlet antisémite et conspirationniste, Hervé Ryssen, proche d'Égalité & Réconciliation qui relaie parfois ses vidéos, se confie aux journalistes :

> « *Ce que je veux, c'est faire le buzz. Avec ce que je vous ai dit pendant l'interview, notamment que je suis un auteur antisémite, ça va le faire ? [...]. Ça fait le buzz comme on dit. J'ai besoin d'exister [...]. Si ce que vous [les journalistes] voulez [aussi], c'est faire le buzz, on peut se mettre d'accord... Vous publiez l'article sur moi et si vous avez un procès, c'est moi qui paye*[131]. »

Pour Ryssen, la capacité à « faire le *buzz* » prime donc sur la véracité de l'information. Le même phénomène se retrouve sur le site Panamza, clairement conspirationniste, proche d'E&R et des milieux islamistes. Son slogan est « *L'info subversive* ». La définition de subversif est « *de nature à troubler ou à renverser l'ordre social ou politique* » ; ainsi, une information est considérée comme bonne si elle « *subvertit* », pas si elle est exacte. On voit

---

131. Johan Weisz, « Hervé Ryssen, écrivain antisémite, sort un nouveau livre et espère faire le *buzz* », *StreetPress*, 18 avril 2012, http://www.streetpress.com/sujet/28820-herve-ryssen-ecrivain-antisemite-sort-un-nouveau-livre-et-espere-faire-le-*buzz*.

qu'on est loin de l'objectivité (ou de la « *subjectivité honnête* », selon l'expression d'Hubert Beuve-Méry, fondateur du *Monde*) qui fonde la déontologie journalistique, et qu'il s'agit bien, au sens propre, de propagande, c'est-à-dire d'un contenu servant des fins politiques. Or, ce type de contenu, d'inspiration conspirationniste, est particulièrement efficace sur Internet de par sa capacité à générer de l'audience et à se retrouver en bonne position sur les moteurs de recherche : quelqu'un qui tape « attentat vérité » sur Google ne trouve quasiment que des références à des sites conspirationnistes, le mot « vérité » étant particulièrement brandi par ces derniers.

Mais il faut aller plus loin sur la question de la vérité : les excès de Soral et de ses proches ne tiennent-ils pas lieu de vérité désormais ? Soral affirme que « *dire la vérité cachée coûte cher* » (sous-entendant que les condamnations juridiques ou morales sont un simple refus de voir la vérité en face, voire un signe supplémentaire du complot). La capacité à choquer, à dépasser les limites, est désormais la garantie d'un *buzz* ; une idée fausse partagée (aux deux sens du terme, comme croyance et comme idée diffusée sur les réseaux sociaux) par beaucoup devient une représentation collective et prend donc les attraits d'une vérité... Dans la philosophie relativiste, le vrai est toujours une construction, autant dire qu'elle est prise dans des « rapports de domination » au service d'intérêts, qu'ils soient communautaires ou de classe. À ce titre, le rire est un puissant outil de déconstruction relativiste. Le succès de Dieudonné le montre. Ses blagues sur les Juifs dans ses spectacles ne sont pas simplement de l'humour, elles s'intègrent dans un projet politique. Ses vidéos d'actualité sur sa chaîne YouTube et le contenu de son ancien site Quenel +, systématiquement focalisés sur les Juifs et Israël, sont là pour le prouver : tout son imaginaire mental est construit autour de la figure du Juif comploteur. Ses spectacles sont alors un moment parmi d'autres de son militantisme politique. Ils établissent une connivence avec le spectateur sur le thème du « Nous ne sommes pas dupes ». Plus Dieudonné va loin, plus c'est drôle ; plus c'est drôle, plus il est conforté dans son choix d'aller loin.

La maîtrise des codes de la société du spectacle attire les sympathisants rupturistes. La façon dont Soral est mis en scène dans des vidéos de fans en dit long. Des dizaines de montages[132] font du polémiste un véritable super-héros, pourfendant l'injustice et terrifiant les élites médiatiques. Bref, la mise en scène fait partie intégrante du personnage Soral.

Le marketing politique : se différencier pour exister

Il nous faut désormais analyser les techniques marketing de Soral pour se vendre, si l'on veut filer la métaphore mercantile. Comment se définir et se différencier pour être visible sur le marché politique et médiatique ? La question ainsi posée est celle de la manière dont Soral s'auto-qualifie et dont les autres acteurs du système médiatique et politique le définissent.

Provocation et connivence

La provocation est un facteur important de différenciation sur le marché politico-médiatique. Comme nous l'avons montré ci-dessus, le nouveau marché de l'information est dominé par la primauté du *buzz* sur la vérité et évalue la qualité d'une idée à sa capacité à se synthétiser en 140 caractères, favorisant les idées simplistes. L'art de la provocation est particulièrement rentable sur ce marché, puisqu'elle permet de susciter une polémique en peu de mots. C'est en ayant à l'esprit la configuration du marché de l'information que l'on peut comprendre par quel biais une idée stigmatisante envers les Juifs ne sera pas vue comme raciste, dégradante et pauvre intellectuellement mais bien comme un geste « dissident » et courageux. La qualité de cette idée sera évaluée par les consommateurs d'information en fonction des réactions qu'elle va susciter, sa capacité à choquer des gens ; que ces réactions soient justifiées ou non importe finalement peu. Dès lors, la capacité à faire le *buzz* par la provocation valorise la dissonance – au lieu de la réprimer – et en retour, le discours valorisé (qui fait de Soral un « dissident » plutôt qu'un « antisémite ») redonne un avantage supplémentaire sur le

---

132. Égalité & Réconciliation en a compilé quelques-uns dans un article intitulé « Attention les imposteurs, Super-Soral arrive ! », 29 mars 2016, http://www.egaliteetreconciliation.fr/Attention-les-imposteurs-SuperSoral-arrive-38586.html.

marché de l'information et de l'offre politique : il est plus valorisant d'être du côté des « dissidents » que du côté des « censeurs », et ce, indépendamment de la pertinence et de la réalité de ces catégories : c'est la posture qui compte.

L'importance de la posture se manifeste également dans la façon dont Soral se met en scène dans ses vidéos. Seul sur son fameux canapé rouge (vendu aux enchères fin 2015 telle une pièce de collection pour plusieurs centaines d'euros !), il refait le monde pendant des heures, face caméra. Le style n'est pas sans rappeler celui des humoristes Norman et Cyprien, dont les petits sketches tournés depuis leur salon également en face caméra font fureur sur Youtube auprès du jeune public. Chez Soral, comme chez ces jeunes comiques, la réussite vient de la connivence qu'ils parviennent à créer avec leur auditoire ; le but est de faire comme si le public se trouvait dans la même pièce et que l'on interagissait directement avec lui. Cette connivence, chez Soral, renforce l'empathie des spectateurs avec son statut revendiqué de victime persécutée par le « *Système* » qu'il affronte malgré des moyens médiatiques bien modestes, mais avec la sincérité d'un homme qui pourrait être votre voisin. L'utilisation massive du sous-entendu, de l'implicite et de la question rhétorique achève d'établir une connivence entre « initiés » à qui « on ne la fait pas ».

L'enjeu de la réappropriation des mots

Sur le marché de l'information, la réappropriation des qualificatifs est une façon de faire du marketing idéologique et de définir son offre politique. Tout produit idéologique cherche à évincer ses concurrents du marché des idées en le disqualifiant. Ainsi, condamné par la justice, Soral se définit comme « *dissident* », un terme à la connotation bien plus positive et valorisante qu' « antisémite ». De la même manière, accusé d'être dangereux par l'humoriste et comédien Stéphane Guillon, il reprend à son compte le terme mais en précisant « *dangereux pour les gens qui font manger Stéphane Guillon* », avant de qualifier à son tour Guillon de « *comique auxiliaire de police* »[133]. Ainsi, la condamnation de l'incitation

---

133. Alain Soral, mars 2014, https://www.youtube.com/watch?v=ci8k1hcLWQ.

à la haine raciale devient de la censure et de la persécution (sur le site d'E&R, un photo-montage montre Soral en prisonnier politique cabossé, avec la mention « Persécuté ! »), la mise en garde d'un danger politique devient de la soumission au pouvoir, les révisionnistes ne sont plus des faussaires de l'Histoire mais « *les prisonniers politiques de l'Occident contemporain* »[134]. Il s'agit de redéfinir la réalité sous un jour favorable. L'imaginaire de la Seconde Guerre Mondiale est omniprésent et Soral joue sur l'inversion des rapports de pouvoir : les occupants sont les sionistes, les résistants sont les antisémites, les collabos sont ceux qui dénoncent l'antisémitisme. La reprise par Dieudonné et Soral du *Chant des Partisans* illustre ce retournement : sur l'air de cet hymne de la Résistance, Dieudonné annonçait « *glisser une quenelle* » à Manuel Valls. On pourrait ainsi multiplier les exemples d'inversion des valeurs et des rapports de force à des fins de victimisation[135] et d'autolégitimation. La mauvaise réputation donne un capital sympathie pour les mal-aimés ; le fait d'être diabolisé est donné à voir comme une preuve que l'on est précisément le contraire du diable. Cette posture de victimisation est d'autant plus confortable à l'heure de la Modernité libérale où les règles de vie en société – comme celle qui interdit d'inciter à la haine de son voisin, par exemple – ne sauraient constituer une entrave à la liberté d'expression, principe philosophique considéré comme absolu. Soral prétend incarner la raison, la vérité et la maîtrise du *logos* contre un système de domination qui le réprime précisément pour l'empêcher de tenir ce discours de vérité, trop intelligent pour ses ennemis « *qui n'ont pas l'intelligence pour comprendre ce [qu'il] explique* »[136]. C'est donc tout un habillage conceptuel qui donne l'impression à ses sympathisants d'être « initiés », de s'élever au-dessus de la masse ; la posture de Soral nourrit le culte de la personnalité dont il fait l'objet auprès de sa base.

---

134. Alain Soral, débats avec Eric Naulleau, *Dialogues désaccordés*, Blanche, 2013, p. 103.

135. Voir par exemple, sur le site d'extrême droite Riposte Laïque, l'interview du leader skinhead Serge Ayoub – un temps proche de Soral – dans lequel il compare au capitaine Dreyfus le skin accusé d'avoir tué Clément Méric en 2013 (http://ripostelaique.com/interview-choc-de-serge-ayoub-affaire-meric-jaccuse.html).

136. Alain Soral, « Vidéo du mois », mars 2012, https://www.youtube.com/watch?v=dbrHqU-9jSo.

En se réappropriant les mots, en retournant les qualificatifs péjoratifs qu'on lui attribue pour leur donner une connotation positive, Soral cherche ainsi à recréer un monde où ses analyses fonctionneraient de façon auto-réalisatrice : s'il insulte les juifs et dénonce le complot sioniste, et qu'une association juive porte plainte, c'est bien la preuve qu'il menace leur pouvoir... Sa crédibilité politique viendrait alors du fait qu'il est non pas le bourreau idéologique des juifs mais au contraire leur bouc émissaire, dans un rapport de domination qu'il montre du doigt et recrée de toutes pièces. Il focalise ses attaques contre des personnalités telles que Daniel Cohn-Bendit, Bernard-Henri Lévy ou Alain Finkielkraut, dont il feint d'oublier qu'ils n'occupent pas de postes politiques majeurs et qu'il présente comme de véritables maîtres du monde pour leur capacité à rentrer dans son schéma idéologique : des juifs supposés défenseurs inconditionnels d'Israël et anti-français, donc à l'origine du déclin de la France.

Les dangers de l'anti-conspirationnisme comme outil de disqualification

L'anti-conspirationnisme (c'est-à-dire le fait d'apposer l'étiquette de conspirationniste à une personne ou un discours) est à double tranchant. Si le terme est parfaitement légitime dans des cas comme celui d'Alain Soral, qui fait du complot sioniste son fonds de commerce idéologique, c'est également un terme régulièrement mobilisé, dans le débat public, comme anathème visant à disqualifier un discours critique. Pierre-André Taguieff l'admet clairement : « *Il est un mauvais usage de l'accusation de conspirationnisme ou de "théorie du complot" contre lequel il faut mettre en garde : il consiste à y recourir pour disqualifier tout soupçon justifié qui, fondé sur des indices bien identifiés et correctement interprétés, porte sur l'organisation d'un complot réel.* »[137] Par exemple, fallait-il traiter de « conspirationnistes » ceux qui mettaient en garde contre les mensonges de l'administration américaine lors de l'invasion de l'Irak en 2003 ? Notons également au passage que, de l'autre côté, les termes utilisés péjorativement par Soral ont eux aussi une portée purement disqualifiante : le qualificatif de « *sioniste* » ou l'accusation de « *faire partie du Système* » visent ainsi, au sein du discours

---

137. Pierre-André Taguieff, *Court traité de complotologie*, 2013.

conspirationniste, à délégitimer un argument ou une personne en l'assimilant au camp des dominateurs et des oppresseurs.

De la même façon, le label de complotiste peut tomber à point nommé quand il s'agit de balayer une pensée contre laquelle un acteur du débat public se trouve en manque d'arguments. Ainsi Jean Quatremer, dans un article que nous avons déjà cité, n'hésite-t-il pas à assimiler toute critique des institutions européennes à du complotisme[138]. Une stratégie rhétorique, peu convaincante sur le fond, mais dont le but est de sortir une position politique du cadre du débat public légitime.

Le danger de cette stratégie est majeur, puisque le terme utilisé (complotiste, antisémite...) est peu à peu vidé de sa consistance à force d'être employé non pas pour désigner une réalité sémantique mais pour disqualifier un discours politique. C'est un « effet Esope » : dans la fable de l'écrivain grec, le petit garçon qui crie au loup pour s'amuser à faire peur à son village finit par ne plus être cru par personne quand il avertit qu'un loup s'apprête, pour de bon cette fois, à le dévorer... Il en va de même quand on dénonce l'antisémitisme ou le conspirationnisme en l'air : l'opinion finit par se montrer indifférente quand d'authentiques antisémites comme Soral reviennent dans le débat public. La relative indifférence de la population face aux slogans antisémites lancés lors du « Jour de colère » en janvier 2014 – une indifférence que déplore Pierre Birnbaum dans un ouvrage qu'il consacre à cet épisode[139] – est révélatrice non seulement d'une banalisation de l'antisémitisme mais aussi d'une certaine accoutumance du public à sa dénonciation. Le témoignage de Piero San Giorgio, l'auteur survivaliste à succès organisateur des stages de survie pour E&R, est éclairant sur ce point :

« *Au bout d'un moment, on s'en fout d'être traité de racistes, de toute façon [ceux qui nous traitent de racistes] c'est l'intelligentsia, les apparatchiks du système soviétique français et la plupart de la population en a plus rien à foutre ; les langues se lâchent, on n'a plus de complexes*[140]. »

---

138. Jean Quatremer, « Quand l'euroscepticisme mène au conspirationnisme », *Libération*, 24 septembre 2008.

139. Pierre Birnbaum, *Sur un nouveau moment antisémite*, Paris, Fayard, 2015.

140. Vidéo de Piero San Giorgio, « La France et l'effondrement économique », *Égalité & Réconciliation*, 25 décembre 2014, http://www.egaliteetreconciliation. fr/La-France-et-l-effondrement-e%CC%81conomique-29887.html.

On voit ici comment la banalisation de l'accusation de racisme a pour effet la banalisation du racisme, qui peut s'assumer librement : le loup peut se promener dans le village, il sait qu'il n'a rien à craindre puisque plus personne ne croit le petit garçon qui criait « Au loup »... E&R profite de ces caricatures. Se faire traiter d'antisémite ou de conspirationniste est alors un outil de victimisation pour ces gens, qui peut être mobilisé pour relativiser des propos authentiquement antisémites ou conspirationnistes et accuser le « *Système* » d'utiliser ces armes rhétoriques pour se maintenir en place. Ce type d'échanges rhétoriques dépasse le cas de Soral. Le Front National se nourrit beaucoup des anathèmes (l'accusation d'être un « parti fasciste » étant le plus courant), qui n'ont pour effet que de le banaliser, paradoxalement : l'écart entre la réalité et le jugement participe inconsciemment à la normalisation de ce parti. Cela lui permet de réussir un tour de force qui consiste à se faire passer pour un parti victime du système politico-médiatique et défenseur de la liberté d'expression contre la censure.

Comment une pensée se radicalise : le cas d'Alain Soral et Dieudonné, ou le symbole de la polarisation médiatico-politique

Mais Alain Soral et Dieudonné n'ont pas toujours été obsédés par les juifs et le complot sioniste. L'un comme l'autre viennent d'horizons très éloignés de l'extrême droite, Dieudonné ayant même longtemps été considéré comme un champion de l'antiracisme et de la lutte contre le FN, tandis que Soral passait pour un provocateur marxiste. Notons l'évolution de ce dernier sur la question des persécutions anti-juives par deux citations à quelques années d'intervalle. En 2004, il dit que « *s'il fallait dénoncer des juifs aux allemands pour bien manger pendant l'Occupation, tant pis, je mangerais mal pendant l'Occupation* »[141]. Dix ans plus tard, en 2014, il évoque le journaliste juif Frédéric Haziza en déclarant : « *La prochaine fois, si ça tourne mal, faudra pas qu'il me demande de le cacher dans ma cave.* »[142] Le retournement est spectaculaire et correspond

---

141. https://www.youtube.com/watch?v=XK7o8s_nu5k&spfreload=10.

142. http://www.marianne.net/Alain-Soral-se-croit-au-cirque-mais-risque-3-mois-de-prison-avec-sursis_a241920.html.

à celui de Dieudonné. Venus de la gauche, leur parcours est celui d'une radicalisation progressive vers l'extrême droite, l'antisémitisme et le conspirationnisme. Comment leur radicalisation s'est-elle opérée ? Notre hypothèse est que la fréquentation des médias, dont nous avons vu qu'ils étaient structurellement en quête de *buzz* et de sensations fortes, valorisant la provocation et la radicalité, les a en quelque sorte poussés à la radicalisation. Soral et Dieudonné sont les purs produits d'un système médiatique polarisant.

La radicalisation de Soral et Dieudonné : une approche sociologique

Pour le comprendre, il faut faire un détour par la sociologie d'Howard Becker, l'un des principaux représentants de « l'interactionnisme symbolique » en sociologie. Dans *Outsiders*, publié pour la première fois en 1963, il s'intéresse à la manière dont la déviance sociale est construite, et comment l'étiquette de « *déviant* » pousse l'individu à se conformer à cette image que la société lui renvoie de lui-même et à commencer une « *carrière de déviance* ». Comme le montre Becker, c'est la désignation qui fait le déviant et non l'inverse : « *l'étiquetage* » modifie les comportements de la personne identifiée comme déviante par les individus ou les institutions auxquels il est confronté.

Pour Becker, la déviance n'est pas une donnée intrinsèque de l'individu déviant ; elle n'est pas un état de fait mais un jugement porté sur un individu. Créatrice de normes, la société (dans la sphère médiatique, politique ou au quotidien) définit la transgression à partir de ces normes et étiquette certains individus comme déviants. La théorie de Becker n'est pas sans comporter un risque évident de relativisme moral et politique, puisqu'il voit la déviance comme contingente, purement délimitée par les « *entrepreneurs de morale* ». Mais ce sont surtout les conséquences de l'étiquetage d'un individu déviant qui nous intéressent ici. En effet, Becker montre que l'acte transgressif initial n'est que la première étape d'une « *carrière de déviant* ». Si étiquetage il y a, alors l'individu va peu à peu se conformer et amplifier l'image de déviant à laquelle il a été identifié. L'étiquetage des entrepreneurs de morale est donc une prophétie auto-réalisatrice. Enfin, le déviant va rejoindre un « *groupe déviant organisé »* et va *« organiser son identité sur la base d'un mode de comportement déviant »*[143]. Ainsi, la déviance sociale est le produit des interactions entre individus et groupes sociaux, et non le résultat d'une prédisposition ou d'une motivation innée.

Cette théorie de la construction de la déviance est parfaitement adaptée pour comprendre la radicalisation « déviante » chez les théoriciens conspirationnistes. S'il ne s'agit pas d'exonérer les acteurs de toute responsabilité individuelle, il est en revanche intéressant de voir comment le traitement médiatique et politique du comportement de Soral et Dieudonné a contribué à faire d'eux ce qu'ils sont devenus. Mais avant d'étudier leur cas plus en détail, celui de David Icke est une bonne introduction en la matière. David Icke est un ancien footballeur et présentateur TV connu en Angleterre. Un jour, sur un plateau télévisé, il suscite l'hilarité et les moqueries du public en prétendant avoir eu une illumination divine[144]. La nouvelle configuration du marché de l'information, basée sur le spectacle et la mise en scène de thèses dépourvus de crédibilité, est là encore une clé importante pour comprendre pourquoi, au juste, la BBC avait cru bon de l'inviter sur un plateau TV pour débiter des choses aussi fantasques. Toujours est-il que les moqueries du public et du présentateur ont eu l'effet que l'on pouvait attendre pour qui a lu Howard Becker : identifié déviant, David Icke s'est lancé résolument dans une carrière de déviant illuminé. Comme il l'affirme lui-même :

« En tant que présentateur télé, j'avais toujours été respecté. Et soudain, du jour au lendemain, les gens ont dit : "Icke est taré." Et cela m'a beaucoup aidé à comprendre comment une poignée de personnes dans les hautes sphères pouvaient dominer le monde. Ils le font en manipulant la façon dont les gens pensent et ressentent les choses.[145] »

Après cette émission de télévision, Icke développera les théories pour lesquelles il deviendra mondialement connu, selon lesquelles le monde est contrôlé par des reptiliens extra-terrestres déterminés à jeter l'humanité en esclavage. Devant le caractère ubuesque de

---

143. Howard Becker, *Outsiders*, 1963, p. 53.
144. https://www.youtube.com/watch?v=-29cdosjMUY.
145. https://www.youtube.com/watch?v=M67QC8_gYpk.

ces théories, certains suspecteront Icke d'utiliser le mot de « repti-liens » comme une sorte de nom de code pour désigner les juifs sans risquer de condamnation pour incitation à la haine raciale (certains groupes néo-nazis revendiquent cette façon de faire). Quoiqu'il en soit, le cas de David Icke est proche de l'idéal-type de la construc-tion de la déviance conspirationniste. Le système médiatique a contribué, par goût du spectacle ou par désir de rassurer le téléspec-tateur moyen quant à son propre niveau de rationalité (qu'il pourra comparer aux délires de quelqu'un comme Icke), sinon à créer de toutes pièces, du moins à conforter un théoricien conspirationniste radical.

Le même schéma peut être observé, de façon à peine plus subtile, chez Soral et Dieudonné. Là encore, un acte déviant initial s'est pro-duit : chez Dieudonné, c'est un sketch sur le plateau de Marc-Olivier Fogiel assimilant la politique coloniale israélienne au nazisme qui lui vaut les condamnations morales et politiques. Soral, déjà connu pour des invectives homophobes et sexistes dans ses premiers livres, va alors prendre la défense de Dieudonné. Il dira plus tard que c'est un « *rôle* » qu'il a « *accepté de jouer dans les médias parce que per-sonne d'autre ne voulait le faire* »[146]. Dans le cadre de ce « *rôle* », il donne une interview à *Complément d'Enquête* en 2004 où il rend les juifs responsables des persécutions qu'ils subissent depuis 2500 ans. Des actes déviants qui les lancent dans une « carrière » de la déviance, du fait des intenses polémiques médiatiques et politiques qui les « *étiquettent* » (non sans justification, mais nous reprenons ici le terme de Becker) antisémite. Ils rejoignent, donnant encore raison au schéma de Becker, un « *groupe de déviants organisés* » (se rapprochant du Front National et de divers groupuscules antisé-mites et identitaires, créant E&R pour Soral et faisant du Théâtre de la Main d'Or, à Paris, un haut lieu de l'extrême droite pour Dieu-donné). Enfermés dans leur rôle de déviant dont ils ne peuvent plus sortir (car elle devient leur identité sociale), leur rapport au monde devient essentiellement hostile et se rationalise dans la recherche d'un bouc émissaire, qui sera le Juif : après tout, n'est-ce pas pour protéger les juifs qu'on les a « bannis des médias » ? L'avocat de Dieudonné, Sanjay Mirabeau, explique la radicalisation de Dieu-

---

146. Alain Soral, interview *NoNameTV*, 2010, https://www.youtube.com/watch?v=iLR5pOwA_G8.

donné d'une manière sensiblement identique. Pour lui, « *la société crée des monstres. [Dieudonné] joue sur scène le monstre qu'on l'accuse d'être, parce qu'il ne peut pas faire autrement* »[147]. Pour prolonger la métaphore de l'individu « jouant un rôle » (une métaphore théâtrale omniprésente dans la littérature de l'interactionnisme symbolique, notamment chez Ervin Goffman[148]), notons que Soral, comme Dieudonné, a l'habitude de se mettre en scène. Dans *Parfait Amour*, un film de Catherine Breillat de 1999, Soral incarne... son propre personnage, caricature du dragueur macho sans scrupules. Lui qui aime à dire que sa vie est un roman a par ailleurs raconté sa propre vie dans deux romans et un film (*La Vie d'un Vaurien*, *Misères du Désir* et *Confession d'un dragueur*). Prisonnier de son propre personnage, mis en scène dans la fiction comme dans la réalité, le parcours de Soral n'aura donc finalement été qu'une exploration toujours plus profonde du rôle du subversif, guettant avec gourmandise la réaction toujours plus scandalisée de son public...

Encore une fois, précisons qu'il ne s'agit pas ici d'exonérer Soral et Dieudonné (pas plus que David Icke) de la responsabilité de leurs actes. Pour autant, on peut affirmer que le contexte dans lequel ils évoluent s'est effectivement révélé propice à leur radicalisation. Le fait qu'ils aient commis des débordements initiaux ne signifie pas que leur radicalisation vers l'extrême droite était inéluctable. Au contraire, même : le petit monde de la télévision *attendait* de Soral qu'il se radicalise, puisqu'il devait sa place dans les médias précisément à sa capacité à provoquer. Soral, qui a toujours eu un grand besoin de reconnaissance, a vite compris que pour être invité sur les plateaux TV, il devait jouer la carte de la transgression. Mais son rôle de macho étant épuisé, quelle transgression ultime lui assurerait une renommée médiatique suffisamment sulfureuse pour durer ? Cette transgression, c'est celle de l'antisémitisme. Ainsi, médiatisé pour jouer un rôle de transgression, Soral n'a-t-il finalement fait que se conformer au rôle qu'on attendait de lui. Cela interroge donc la façon dont la TV organise le débat public : contrainte par ses impératifs de temps et d'audimat, voire de *buzz* (pour trouver une audience sur Internet), la TV favorise l'apparition dans le débat

---

147. « Le Supplément », *Canal+*, 1er février 2015.

148. Ervin Goffman, *La mise en scène de la vie quotidienne*, Les Éditions de Minuit, 1973.

public de personnalités comme celles de Soral, et à l'inverse, pour lui donner la réplique, de personnes chargées de rappeler leur adhésion morale au système de valeurs auquel s'oppose Soral. Le spectacle télévisuel a donc tendance à mettre en scène des gens conformistes dans leur radicalité face à d'autres personnes radicales dans leur conformisme. Citons à titre d'exemple récent l'émission *Ça se Dispute* sur i-télé entre Eric Zemmour, se conformant tout à fait au rôle de polémiste de droite attendu de lui (et auquel il doit sa présence médiatique), et Nicolas Domenach dans le rôle du conformiste.

La façon dont la télévision façonne des « personnages » médiatiques est assez bien décrite dans un ouvrage[149] de Jean Birnbaum et Raphaël Chevènement portant sur l'émission phare des années 1990-2000 de Thierry Ardisson, *Tout le monde en parle*. Les deux auteurs s'intéressent notamment à la façon dont Dieudonné, régulièrement invité dans l'émission comme humoriste, était systématiquement renvoyé à son statut de « noir » par Thierry Ardisson. Les questions qui lui étaient adressées, sur le ton de l'humour ou de la provocation, s'adressaient à lui *en tant que noir*, et souvent en opposition à une autre communauté, notamment la communauté juive de son acolyte d'alors Elie Semoun. Birnbaum et Chevènement signalent à raison les évolutions de Dieudonné face à de telles injonctions ethnicisantes : refusant d'abord de s'y soumettre lors d'émissions de la fin des années 1990, il va peu à peu rentrer dans le jeu et s'affirmer plus clairement comme Noir, dans une logique de séparation voire d'antagonisme avec les autres « communautés ». La « grand-messe du samedi soir » comme on avait coutume d'appeler *Tout le monde en parle*, qui réunissait chaque semaine plusieurs millions de téléspectateurs, a puissamment contribué à restructurer le « rôle social » de ses invités, Dieudonné en l'occurrence. Sur le plateau, Dieudonné a appris qu'il n'était pas seulement un humoriste : c'est aussi un personnage, un acteur, qui doit jouer son rôle de Noir et dont la brouille avec Elie Semoun devait, pour être rentable médiatiquement, forcément être reliée à sa dimension ethnique.

---

149. Jean Birnbaum et Raphaël Chevènement, *La face visible de l'homme en noir*, Paris, Stock, 2006. Voir en particulier le chapitre 6, « Dieudonné, un "Noir" face au Front National ».

Ainsi, les médias favorisent une lecture binaire de la pensée politique, et polarisent les personnages qui existent à travers le petit monde médiatique. Cette phase de radicalisation repose sur un mode double : l'étiquetage est à la fois négatif et positif. D'une part, incarner la provocation, l'esprit rebelle et l'anticonformisme finit par valoir des inimitiés et des qualificatifs péjoratifs (antisémite en particulier), mais d'autre part, cela attire à soi un nouveau public enthousiaste qui permet de redéfinir sa situation : Soral pourra se définir non pas comme antisémite, mais comme « *dissident* » (un terme bien plus valorisant) luttant contre le « *Système* » qui a pourtant contribué à faire de lui ce qu'il est devenu, mais qui a fini par le rejeter quand la justice est venue condamner ses dérapages. Son auto-conformation à son image médiatique se poursuit alors, réinvestie positivement, à son avantage. Cette image s'exhibe alors sur Internet, continuation du système médiatique par d'autres moyens technologiques plus que rupture avec la télévision.

Le système médiatique accueille à bras ouverts les provocateurs rebelles chez qui la vulgarité transgressive tient lieu d'esprit critique : ce sont ceux qui font le plus d'audience. Il n'y règne pas une « pensée unique » mais une pensée binaire et polarisée, ce qui a pour effet paradoxal de renforcer un consensus tiède : la critique sociale s'enferme dans les voies inoffensives (car fantasmatiques) de la théorie du complot. En servant soit de repoussoir, soit de voie de garage, la transgression médiatique revendiquée par Soral devient une arme au service du conformisme. Car il est bien évident que pendant que Soral et Dieudonné font des juifs et des francs-maçons les piliers de l'aliénation des travailleurs et de l'oppression des capitalistes sur le plateau de *Ce Soir ou Jamais*[150], le système capitaliste, néolibéral, financier (ou quelque autre terme que l'on préfèrera), lui, n'a strictement rien à craindre d'une telle analyse qui, au pire, fera monter l'antisémitisme, au mieux, permettra de disqualifier toute critique sociale raisonnable en l'assimilant au conspirationnisme de Soral[151]. C'est une nouvelle version de la *reductio ad hit-*

---

150. « Ce soir ou jamais », *France 3*, 17 janvier 2011.

151. Ce que fait par exemple Philippe Corcuff en assimilant des penseurs comme Alain Finkielkraut, Jean-Claude Michéa, Frédéric Lordon et Laurent Bouvet à Alain Soral et au « retour des années 30 » dans *Les années 30 reviennent et la gauche est dans le brouillard*, 2014, Textuel.

lerium (*ad soralum* ?) pour disqualifier une idée de façon purement rhétorique. En plus de favoriser la radicalisation contre laquelle on prétendait lutter, cet appauvrissement du débat (recours à la stigmatisation, l'invective, l'insulte plutôt qu'à l'argument construit) reflète l'évolution d'un marché de l'information favorisant la bipolarisation superficielle du débat démocratique.

CONCLUSION

Demain, le déchirement rupturiste
ou le sursaut républicain ?

Le succès d'Alain Soral est donc un symptôme de la radicalisation de la Modernité, comprise comme sortie de la religion, et qui se définit par la montée de l'individualisme, du subjectivisme et du relativisme. Les effets politiques de la radicalisation de la Modernité sont le dépassement de l'État-Nation, l'idéologie de la transparence et la politisation de l'antiracisme différentialiste. Tout cela nourrit la suspicion conspirationniste et la concurrence identitaire. Sur le plan médiatique, la structuration du marché de l'information favorise la polarisation des idées.

Dans ce contexte, le titre de notre conclusion fait allusion au sous-titre de l'ouvrage principal d'Alain Soral, *Comprendre l'Empire. Demain la gouvernance globale ou la révolte des nations ?*. Pour Soral, la « *gouvernance globale* » est le signe de la victoire de l'éthique juive et sioniste, qui ne pourrait être contrée que par une « *révolte des nations* » et du conservatisme, par l'alliance de la gauche du travail et la droite des valeurs, d'une part, des nationalistes blancs et des musulmans contre l'élite juive, d'autre part. Nous opposons à son programme politique une autre alternative : le déchirement rupturiste, poussant la logique de la radicalisation de la Modernité à son terme en exacerbant les antagonismes symboliques et culturels ; ou un sursaut universaliste, c'est-à-dire républicain, qui concilie les droits de l'individu avec un imaginaire politique commun.

Il s'agit d'ouvrir les yeux sur l'état de notre démocratie, et plus précisément sur ce qui se joue dans ses souterrains. Sous l'emprise d'idéologues comme Alain Soral, l'antisémitisme progresse en France, particulièrement dans les banlieues, et il est frappant de considérer à quel point ce phénomène inquiétant est aujourd'hui l'angle mort du mouvement antiraciste, qui se complaît dans une vision idéalisée du « vivre-ensemble » et du multiculturalisme. Un tel différentialisme implique deux types de réactions face à la question de la prégnance de l'antisémitisme chez certains musulmans instrumentalisés par Soral. L'une consiste à déplacer la question sur le terrain économique (la lutte contre la précarité et la misère sociale réglera toutes les tensions communautaires) et donc à refuser d'affronter la spécificité de la question symbolique et culturelle. L'autre consiste à nier le phénomène, les musulmans étant censés être victimes du système et ne pouvant alors être coupables de rien. Dans le pire des cas, cette réaction fait des juifs eux-mêmes les responsables de l'antisémitisme dont ils sont victimes, par leur soutien à Israël, rejoignant alors les analyses de Soral. Ce faisant, l'antiracisme différentialiste participe de l'assignation identitaire, qui renvoie les citoyens à leur origine « visible » ou revendiquée. Il essentialise ainsi les identités, à la manière du différentialisme raciste. C'est sur le mode de l'assignation identitaire que Soral construit une vision du monde tout à la fois antiraciste et antisémite, dans laquelle chacun est supposé jouer un rôle préconçu : d'un côté, les juifs, forcément sionistes, se revendiquant du « *peuple élu* » et méprisant les non-juifs, de l'autre, les musulmans, soit fidèles à l'oumma soit « *collabeurs* » pro-sionistes traîtres à leur communauté. L'assignation identitaire renforce alors les divisions communautaires et laisse libre cours à la concurrence identitaire et mémorielle.

En ce qu'elle témoigne de revendications pour plus de « droits », la concurrence identitaire et mémorielle, qui fait le terreau de l'antisémitisme et du conspirationnisme des sympathisants d'Alain Soral, est bien le produit de la radicalisation de la Modernité. Elle ouvre la voie à l'insécurité culturelle, qui touche aussi bien les Français blancs, « de souche », que les Français musulmans d'origine maghrébine (sommés de s'intégrer en même temps qu'ils sont renvoyés à leur islamité et à leur arabité, de façon négative par l'extrême droite ou positive par une certaine gauche différentialiste). Soral

surfe sur cette insécurité culturelle et livre en pâture des coupables :
il existerait une communauté responsable des tensions ethniques
et culturelles dans toute la société, la communauté juive. Tragédie
d'une telle instrumentalisation de l'insécurité culturelle : elle a pour
effet de communautariser en retour, par réflexe de défense, les juifs
confrontés au retour de l'antisémitisme, rendant auto-réalisatrices
les prophéties de Soral sur le repli communautaire juif.

Ces tensions communautaires que révèle le succès d'Égalité & Réconciliation sont plus largement le signe d'une crise du « commun ».
Les tentations rupturistes sont nombreuses et prennent de multiples
formes, et une telle menace d'archipellisation symbolique, culturelle
et concrète de la société est bien plus grande que le risque de la prise
du pouvoir par un parti néo-totalitaire que craignent certains obser-
vateurs d'Égalité & Réconciliation : E&R incarne le retournement de
la Modernité démocratique contre elle-même mais ne s'y oppose pas.
Ce sont les représentations politiques communes qui s'effondrent,
ouvrant la voie au conspirationnisme, sous la pression du subjectivisme moderne et du relativisme idéologique permis par la libéralisation des médias sur Internet. Le drame est là : le rupturisme politique, accompagné d'un conspirationnisme et d'un antisémitisme
virulent, correspond à une tendance profonde dans notre Modernité
et rien n'indique qu'il soit un phénomène passager. Au contraire, la
polarisation idéologique devrait se poursuivre à mesure que le nouveau marché de l'information achèvera sa *twitterisation*, la qualité
d'un discours politique s'évaluant alors à sa capacité à se synthétiser
en 140 caractères et à faire le *buzz*. Le relativisme l'emportera tant
que l'individualisme et le subjectivisme seront l'étendard du juste et
du vrai, que le principe d'autorité passera pour de la violence et la
provocation pour de l'esprit critique (le complot apparaissant alors
comme une catégorie d'explication politique privilégiée des « per-
dants » de la mondialisation et les victimes de l'insécurité culturelle).
Les tensions communautaires persisteront faute de retrouver une
éthique républicaine du commun et un antiracisme universaliste et
non différentialiste. Sans cela, le discours de rupture amplifiera la tendance des citoyens à vivre « *ensemble mais séparés* »[152] sur des lignes
d'appartenance ethnique et religieuse, au mieux dans une tolérance

---

152. Christophe Guilluy, *Fractures françaises*, Paris, Bourin, 2010.

teintée d'indifférence, au pire dans un schéma d'affrontements violents. De fait, seule la République peut constituer un rempart serein et durable à la convergence des extrêmes et des naïfs ; ce n'est d'ailleurs pas pour rien qu'elle est l'objet de tant d'attaques de la part de Soral. Mais renouer avec les principes républicains implique d'opérer une véritable révolution copernicienne au sein de notre Modernité. Au-delà d'une réaffirmation de la République et de la laïcité dans les discours politiques ou intellectuels, c'est l'esprit républicain qu'il faut retrouver, celui qui conjugue pensée libre et esprit critique – sans lequel la liberté n'est rien. Enseigner l'esprit critique est l'une des tâches les plus urgentes de l'école aujourd'hui, alors que les élèves peuvent avoir accès à tout type d'information, sans forcément disposer des moyens de l'appréhender et de la structurer. La difficulté de certains enseignants à faire cours sur certains sujets comme la Shoah ou le 11 septembre 2001 sans se heurter aux croyances conspirationnistes des élèves montre la gravité de l'enjeu, d'autant que s'opposer au professeur est désormais considéré comme un signe de capacité critique, puisque tous les savoirs se valent, au nom de la « *co-construction des savoirs* ». Un tel galvaudage de l'esprit critique montre qu'il ne peut se passer du principe d'autorité. Mais cela ne signifie pas pour autant qu'il faille normer la pensée, qui doit rester libre – bien plus qu'elle ne l'est aujourd'hui. Car il y a ceci de paradoxal dans notre Modernité démocratique que le subjectivisme donne le droit à exprimer « sa » vérité et à tout dire, alors même que la liberté de pensée est régulièrement attaquée au moyen d'anathèmes et de labels disqualifiants bien connus : que l'on parle de souveraineté, de nation et même de laïcité, que l'on dénonce les travers de la mondialisation, de la construction européenne et les dangers du communautarisme, et l'accusation de « *faire le jeu de l'extrême droite* » n'est pas loin, comme s'il existait certains sujets (qui plus est constitutifs de notre République) sur lesquels l'extrême droite devait avoir un monopole... Ce type d'anathème a le même effet d' « étiquetage » que nous avons identifié comme une des causes de la radicalisation de Soral et Dieudonné : il a pour conséquence d'inciter les gens de bonne volonté à rejoindre les rangs de l'extrême droite, dont on leur répète que c'est de là que viennent les principes auxquels ils croient. Esprit critique et pensée libre, donc : l'un ne va pas sans l'autre, et défendre l'un en oubliant l'autre revient à les annihiler tous les deux.

On le voit, le défi est immense et touche tous les aspects de notre vie collective. Il n'y a pas de réponse simple et précise qui réglerait tout : un tel espoir est une illusion typique que partagent les libéraux modernes (le marché devant être la solution à tous les problèmes) et les conspirationnistes faisant d'un complot l'explication de tous les maux. Il faut au contraire une réflexion globale, qui assume la complexité du réel. En sommes-nous encore capables ? Il faut l'espérer, car le problème dépasse très largement le cas particulier d'Alain Soral. Quoi qu'il advienne de sa personne et d'E&R dans les prochaines années, tout porte à croire que l'agitation souterraine se poursuivra sous une forme ou sous une autre dans notre démocratie. Jusqu'à détruire ses fondements ?

Bibliographie

Base documentaire

Livres

SORAL Alain, *Abécédaire de la bêtise ambiante. Jusqu'où va-t-on descendre ?*, Paris, Blanche, 2004.

SORAL Alain, *Comprendre l'Empire – Demain la gouvernance globale ou la révolte des Nations ?*, Paris, Blanche, 2011.

SORAL Alain, *Le jour et la nuit ou la vie d'un vaurien*, Paris, Calmann-Lévy, 1991.

SORAL Alain, *Socrate à Saint-Tropez*, Paris, Blanche, 2003.

SORAL Alain, *Vers la féminisation ? Démontage d'un complot antidémocratique*, Paris, Blanche, 1999.

SORAL Alain, NAULLEAU Eric, *Dialogues désaccordés*, Paris, Blanche, 2013.

Sites web

www.dieudosphere.com

www.egaliteetreconciliation.fr

www.indigenes-republique.fr

www.panamza.fr

www.quenelplus.fr (site désormais fermé)

Vidéos (www.youtube.fr)

Chaîne de Dieudonné : https://www.youtube.com/user/iam-dieudo4/videos

Interviews télévisées et radiophoniques d'Alain Soral, Dieudonné, 1996-2016

« Vidéos du mois » et « Conseils de lecture » d'Alain Soral, 2007-2016

Références

Conspirationnisme

ANGENOT Marc, *Les idéologies du ressentiment*, Montréal, XYZ, 1995.

BOLTANSKI Luc, *Énigmes et complots*, Paris, Gallimard, 2012.

DANBLON Emmanuel et NICOLAS Loïc (dir.), *Les rhétoriques de la conspiration*, Paris, CNRS, 2010.

DEHAVEN-SMITH Lance, *Conspiracy Theory in America (Discovering America)*, Austin, University of Texas Press, 2014.

FAY Bruno, *Complocratie*, Éditions du Moment, 2011.

FOESSEL Michaël, *Après la fin du monde. Critique de la raison apocalyptique*, Paris, Seuil, 2012.

GAUCHET Marcel, entretien, *Les Collections de l'Histoire* n°33, octobre-décembre 2006, pp. 60-67.

HOFSTADTER Richard, *The Paranoid Style in American Politics and Other Essays*, Cambridge, Harvard University Press, 1996.

JAMESON Frederic, *La totalité comme complot : conspiration et paranoïa dans l'imaginaire contemporain*, Paris, Les Prairies Ordinaires, 2007.

JAMIN Jérôme, *L'imaginaire du complot : Discours d'extrême droite en France et aux États-Unis*, Amsterdam University Press, 2009.

POLIAKOV Léon, *La causalité diabolique. Essai sur l'origine des persécutions*, Calmann-Lévy, 1980.

POPPER Karl, *La société ouverte et ses ennemis*, Paris, Seuil, 1979.

TAGUIEFF Pierre-André, *La foire aux Illuminés*, Paris, Mille et une nuits, 2005.

TAGUIEFF Pierre-André, *L'imaginaire du complot mondial. Aspects d'un mythe moderne*, Paris, Mille et une nuits, 2007.

TAGUIEFF Pierre-André, *Court traité de complotologie*, Paris, Mille et une nuits, 2013.

TAÏEB Emmanuel, « Logiques Politiques du Conspirationnisme », *Sociologie et Sociétés* vol. 42, n°2, 2010, p. 265-289.

Extrême droite

BRUSTIER Gaël, *Le Mai 68 Conservateur*, Paris, Cerf, 2014.

DOBRY Michel, *Le mythe de l'allergie française au fascisme*, Paris, Albin Michel, 2003.

POUMARÈDE Géraud, « Le Cercle Proudhon ou l'impossible synthèse », *Mil neuf cent : Revue d'histoire intellectuelle* n°12, 1994, p. 78.

STERNHELL Zeev, *Ni droite ni gauche. L'idéologie fasciste en France,* Paris, Folio Histoire, 2000.

WINOCK Michel, *Nationalisme, antisémitisme et fascisme en France,* Seuil, 2014.

WINOCK Michel et BERNSTEIN Serge (dir.), *Fascisme français ? La controverse,* Paris, CNRS, 2014.

Médias et discours médiatique

BECKER Howard, *Outsiders,* Free Press of Glencoe, 1963.

BIRNBAUM Jean et CHEVÈNEMENT Raphaël, *La face visible de l'homme en noir,* Paris, Stock, 2006.

BRONNER Gérald, *La Démocratie des crédules,* Paris, PUF, 2013.

CAZEAUX Guillaume, *Odyssée 2.0. La démocratie dans la civilisation numérique,* Paris, Armand Colin, 2014.

SUNSTEIN Cass, *Republic.com 2.0,* Princeton University Press, 2007.

Modernité et crise démocratique

BOUVET Laurent, *L'insécurité culturelle,* Paris, Fayard, 2015.

ELLUL Jacques, *Métamorphose du bourgeois,* Paris, Calmann-Lévy, 1967.

GAUCHET Marcel, *La crise du libéralisme,* Paris, Gallimard, 2007.

GAUCHET Marcel, « Les ressorts du fondamentalisme islamique », *Le Débat* n°185, mai-août 2015.

GIRARDET Raoul, *mythes et mythologies politiques,* Paris, Seuil, 1986.

JAMESON Fredric, *Postmodernism or the Cultural Logic of Late Capitalism*, Duke University Press, 1992.

ROSANVALLON Pierre, *La contre-démocratie, la politique à l'âge de la défiance*, Paris, Seuil, 2006.

Nébuleuse Soral-Dieudonné

BRIGANTI Michel, DÉCHOT André, GAUTIER Jean-Paul, *La galaxie Dieudonné*, Paris, Syllepse, 2011.

D'ANGELO Robin, MOLARD Martin, *Le système Soral. Enquête sur un facho business*, Paris, Calmann-Lévy, 2015.

FOUREST Caroline, « Les réseaux de l'extrême : Les obsédés du complot », *France Télévisions*, Vidéo, 2013.

FOUREST Caroline, *Tirs Croisés*, Le Livre de Poche, 2005.

HAZIZA Frédéric, *Vol au-dessus d'un nid de fachos : Dieudonné, Soral, Ayoub et les autres*, Paris, Fayard, 2014.

MERCIER Anne-Sophie, *La Vérité sur Dieudonné*, Paris, Plon, 2005.

Racisme et antisémitisme

BIRNBAUM Pierre, *Sur un nouveau moment antisémite. « Jour de colère »*, Paris, Fayard, 2015.

DORRONSORO Gilles et GROJEAN Olivier (dir.), *De la différenciation culturelle au conflit*, Paris, Les Presses de Sciences Po, coll. « Monde et sociétés », 2015.

GHILES-MEILHAC Samuel, *Le CRIF : De la résistance à la tentation du lobby*, Paris, Robert Laffont, 2011.

LESELBAUM Jean et SPIRE Antoine (dir.), *Dictionnaire du judaïsme français depuis 1944*, Paris, Armand Colin, 2013.

NOIRIEL Gérard, *Immigration, antisémitisme et racisme en France (XIXᵉ-XXᵉ siècle)*, Paris, Fayard, 2007.

TAGUIEFF Pierre-André, *La nouvelle judéophobie*, Paris, Mille et une nuits, 2002.

TAGUIEFF Pierre-André, *Les fins de l'antiracisme*, Paris, Michalon, 1995.

WIEVORKA Michel, *La tentation antisémite*, Paris, Robert Laffont, 2005.

WIEVORKA Michel (dir.), *Racisme et modernité*, Paris, La Découverte, 1993.

TABLE DES MATIÈRES

RÉCEMMENT PARU AUX ÉDITIONS TEMPS PRÉSENT

L'idéologie néolibérale : ses fondements, ses dégâts, SIMON Claude, 2016.

S'engager et méditer en temps de crise, ENTREMONT Cécile, 2016.

L'humour des Évangiles, CAIRUS Elise, 2016.

Avoir vingt ans en 2020, MRJC et GUIGON Pierrick, 2016.

Manifeste des écologistes atterrés, GAUDOT Edouard, JOYEUX Benjamin, SCHMID Lucile, 2015.

On n'enterre pas la lumière..., LAURAIRE Gui, 2015.

François, le pape vert, Collectif, 2015.

L'Évangile sur les parvis, GOUGUENHEIM Lucienne, JOLLY Jean-Bernard, VANHOUTTE Didier, 2015.

Civitas et les nouveaux fous de Dieu, CHATEL Luc, 2014.

La réforme grégorienne - De la lutte pour le sacré à la sécularisation du monde (édition revue et corrigée), GOUGUENHEIM Sylvain, 2014.

Jésus, une vie hors des sentiers battus, DE LONGEAUX Guy, 2014.

Un prêtre sur le parvis - l'évangile : une libération laïque ?, DEHEU-NYNCK Michel, 2014.

Un conscrit de la 58.2.B - Algérie : d'éclaboussures en éclats de vérité, DALLAPORTA Michel, 2014.

De la laïcité - Chemin(s) faisant, LAOT Laurent, 2012.

Cet ouvrage a été achevé d'imprimer
par l'imprimerie Laballery
SCOP anonyme à capital variable

à Clamecy
en octobre 2016.

Dépôt légal : octobre 2016.
N° d'impression : 609222

Imprimé en France

La Nouvelle Imprimerie Laballery est titulaire de la marque Imprim'Vert®